“十二五”普通高等教育本科国家级规划教材

会计名校名师
新形态精品教材

STUDY GUIDE TO ACCOUNTING PRINCIPLES

《会计学原理（第四版）》学习指导书

石本仁　主编

人 民 邮 电 出 版 社
北 京

图书在版编目（CIP）数据

《会计学原理（第四版）》学习指导书 / 石本仁主编. -- 北京 : 人民邮电出版社, 2018.9（2020.10重印）
会计名校名师新形态精品教材
ISBN 978-7-115-48918-0

Ⅰ. ①会… Ⅱ. ①石… Ⅲ. ①会计学－教学参考资料
Ⅳ. ①F230

中国版本图书馆CIP数据核字(2018)第203128号

内容提要

本书是与《会计学原理（第四版）》相配套的学习指导书，本书主要包括各章的知识结构、学习指导、延伸阅读，各种习题及习题解答等内容。

本书可作为高等学校会计学、财务管理、审计学、工商管理、国际贸易、市场营销、金融学等经济管理类专业本科生教材，也可作为会计从业人员的参考用书。

◆ 主　　编　石本仁
　责任编辑　刘向荣
　责任印制　焦志炜
◆ 人民邮电出版社出版发行　　北京市丰台区成寿寺路 11 号
　邮编　100164　　电子邮件　315@ptpress.com.cn
　网址　http://www.ptpress.com.cn
　涿州市京南印刷厂印刷
◆ 开本：787×1092　1/16
　印张：8.5　　2018 年 9 月第 1 版
　字数：197 千字　　2020 年 10 月河北第 3 次印刷

定价：25.00 元

读者服务热线：(010) 81055256　印装质量热线：(010) 81055316
反盗版热线：(010) 81055315
广告经营许可证：京东市监广登字 20170147 号

总序

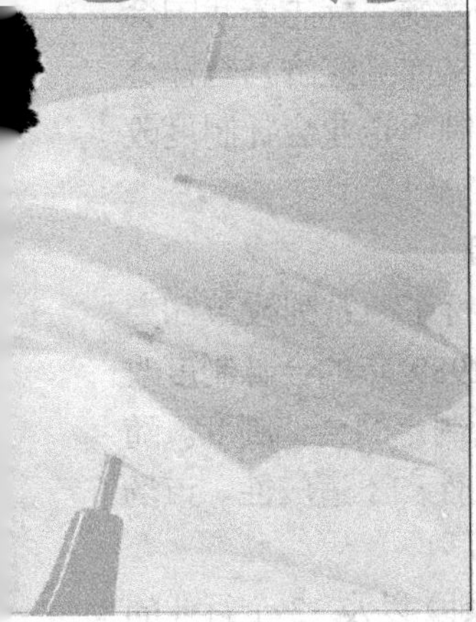

会计对经济的发展虽然起着十分重要的作用，但是从深层次上来看，会计的发展始终依赖于经济环境的变化。我国会计制度的改革就是为满足国企改革的需要而启动和展开的，是我国体制转轨中的一项基础性制度建设（马骏，2005）。20 世纪 80 年代开始的我国经济体制改革，采取的是一种渐进和稳健的方式，这就决定了我国会计制度的变迁也只能是渐进的，即逐步推进、分步到位。对外开放、引进外资点燃了我国会计制度改革的导火线；而现代企业制度和资本市场的建立则引发了我国的会计风暴；加入世界贸易组织（WTO），使我国会计制度进一步向国际惯例靠拢。2006 年 2 月，财政部出台了新的企业会计准则，标志着我国会计准则与国际会计准则的趋同已取得实质性进展。在经济与会计变迁中，会计的职能与角色也随之演化。

一、对外开放、引进外资是点燃我国会计制度改革的导火索

1978 年，党的十一届三中全会召开，确立了以经济建设和经济体制改革为全党的工作中心。我国建国 30 年来高度集权的计划经济体制，严重制约了企业的活力和劳动者的积极性，与加强经济建设、发展生产力的要求不相适应。改革经济管理体制、扩大企业自主权成为当务之急。基于这样的政治与经济背景，为适应经济环境变革的需要，一系列相关的法律制度与政策出台了。1979 年 7 月，第五届全国人民代表大会第二次会议审议通过了《中华人民共和国中外合资经营企业法》；1980 年 9 月，第五届全国人民代表大会第三次会议通过了《中华人民共和国中外合资经营企业所得税法》，由此拉开了我国对外开放、引进外资的经济改革的序幕。

会计制度改革是经济发展与经济环境变迁的必然结果。随着经济改革的推进，为保证和促进经济体制改革的顺利进行，保证和促进对外开放的进一步扩大，财政部于 1980 年在总结历史经验和广泛调查研究的基础上，对当时涉及面广、影响大、会计业务相对复杂且具有普遍性的《国营工业企业会计制度》进行修订。此后，为适应经济体制改革的需要，财政部先后于 1985 年和 1988 年对《国营工业企业会计制度》进行了两次重大的修订。修订的重点内容是调整与增加会计科目和改革会计报表，使其满足经济体制改革对企业会计核算的要求。

随着我国对外开放的发展，引进外商直接投资的工作有了较大进展，中外合资经营企业、中外合作经营企业和外资企业出现了蓬勃发展的局面。这些企业的出现突破了传统的计划经济体制，其经营方式与计划经济体制下的国营企业大不相同，其会计核算的要求也与计划经济体制下国营企业会计核算的要求大相径庭。为适应对外开放、引进外资的需要，财政部于 1985 年正式发布并实施《中外合资经营企业会计制度》《中外合资经营工业企业会计科目和会计报表》。这是一部具有划时代意义的会计制度，它的制定与实施，标志着我国会计制度迈开了与国际会计惯例协调的步伐。实际上，它是我国对社会主义商品经济乃至社会主义市场经济会计制度模式进行的一次积极的探索，是我国市场经济体制下企业会计制度改革的先导。

二、现代企业制度和资本市场的建立是引发我国会计风暴的基本动因

我国虽然根据经济体制改革的实际情况，对传统的会计核算体系进行了一系列改革和完善，但是传统的企业会计核算体系和管理模式并没有根本性改变。时至 1989 年的会计制度改革，我国会计核算规范主要是国家统一发布的，按各种所有制形式、部门制定的会计制度。随着社会主义市场经济体制的确立，这种会计制度模式已日益显露出其局限性和不适应性。市场经济的发展与完善，对会计制度的全面改革提出了越来越紧迫的要求。

1992 年经国务院批准，财政部发布了《企业会计准则》《企业财务通则》以及 13 个行业的企业会计制度和财务制度，简称“两则两制”，并于 1993 年 7 月 1 日起实行。故 1993 年被称为掀起“会计风暴”之年。《企业会计准则》在借鉴和参考国际会计经验，总结我国会计核算实践经验的基础上，改革了会计等式，即将我国传统会计中应用了 30 年的会计等式“资金占用=资金来源”改为国际通行的“资产=负债+所有者权益”的会计等式，明确了会计核算的基本前提和一般原则，规定了资产、负债、所有者权益、收入、费用、利润等会计要素的确认与计量方法以及财务会计报告的编写要求等。13 个行业会计制度则一改以往我国按照所有制成分，分不同部门或行业来设计和制定会计制度的模式，根据企业会计准则的要求，结合各行业生产经营活动的不同特点及不同的管理要求，将国民经济各部门划分为若干个行业并分别制定会计制度，从而形成了一个比较完整的企业会计核算制度体系。随着经济体制改革的全面展开，股份制也悄然出现于经济体制改革实践之中。1984 年 7 月，北京天桥百货股份有限公司成立，1984 年 11 月，上海飞乐音响股份有限公司首次向社会公开发行股票 50 多万元。1990 年，上海证券交易所成立，延中实业等几家企业在上海证券交易所上市，成为中华人民共和国成立以来首批上市公司。1991 年 4 月，深圳证券交易所宣告成立。1992 年 10 月，国务院证券委员会和中国证券监督管理委员会成立。为推动股份制试点工作的健康发展，规范上市公司会计核算及其会计信息的披露，财政部于 1992 年 5 月制定并发布《股份制试点企业会计制度》。这一会计制度一改传统计划经济体制下的会计制度模式，是一次企业会计制度改革的成功探索。1993 年 6 月底，证监会又发布与修订多项《公开发行股票公司信息披露内容与格式准则》，以规范公开发行股票公司的信息披露行为。随着经济体制改革的进一步深化，企业制度改革的进一步深入，财政部于 1998 年 1 月制定并发布《股份有限公司会计制度》。随着现代企业制度的建立、资本市场的快速发展，为适应市场经济发展的新需求，规范会计行为，保证会计信息的真实完整，提高经济效益，维护市场经济秩序，全国人民代表大会常务委员会于 1999 年 10 月 31 日审议通过了新修订的《中华人民共和国会计法》（以下简称《会计法》）。新修订的《会计法》突出强调了单位负责人对本单位会计工作和会计资料真实性、完整性的责任，进一步加强会计监督的要求，并进一步完善了会计核算规则。为了配合新修订的《会计法》的实施，规范企业财务报告，保证会计报告的真实与完整，财政部于 2000 年 12 月制定并发布《企业会计制度》。《企业会计制度》在总结现有会计制度实践经验的基础上，对资产、负债、收入、费用等规定了统一的确认和计量标准，促进了我国会计核算标准与国际会计准则的充分协调。

三、加入世界贸易组织使我国会计制度进一步向国际惯例靠拢

2001年，中国加入WTO，这对我国经济管理体制、政治体制和价值观念的改革等都产生了巨大的影响，对我国会计制度形成了“刚性约束”，并使我国会计制度变迁的路径依赖得到了摆脱（温美琴，2002）。诺斯曾指出，制度变迁中存在较强的路径依赖，人们过去的选择往往决定了他们现在可能的选择。沿着既定的路径，制度变迁可能进入良性循环的轨道，也可能顺着原来的错误路径往下滑。要从既定的路径中摆脱出来，就必须引入外生变量。加入WTO正是我国会计制度变迁中的外生变量，为我国会计制度从传统的具有中国特色的制度变迁路径中摆脱出来提供了机会，同时进一步加速了我国会计标准国际化的进程。随着我国经济体制改革和对外开放的深入，我国资本市场得到快速发展，经济的国际化程度不断提高。而全球经济一体化与资本市场国际化的迅猛发展则要求作为国际商业语言的会计提供具有国际可比性的会计信息。正是基于这样的经济背景，为适应我国资本市场发展的要求，促进市场经济体制的完善与对外开放，以及实现我国会计标准国际化的需要，2006年2月，财政部出台了新的企业会计准则。财政部这次颁布的新会计准则体系由1项基本准则、38项具体准则组成。该会计准则体系于2007年1月1日起在上市公司实施，并鼓励其他企业执行；2008年在国有大中型企业中执行；2009年，在所有中型以上企业执行。作为企业会计准则体系重要组成部分的《企业会计准则——应用指南》已于2006年10月出台。该指南由两部分组成，第一部分为各项会计准则的解释，第二部分为会计科目和主要账务处理。由财政部会计司编写组编写的《企业会计准则讲解》已于2007年4月出版，其主要内容是对会计准则更细致的解释，其中结合了大量实例，使得会计准则的运用更具可操作性。

四、新会计准则的特点

新会计准则的特点主要体现在以下几个方面。

第一，向国际惯例尤其是国际会计准则靠拢，实现了与国际会计准则的趋同。我国新会计准则在资产负债观的运用、公允价值的运用以及基本计量的要求上都趋同于国际会计准则，但由于中国特有的经济、政治与法律环境，新会计准则在资产减值、关联方披露、企业合并、退休福利、企业持有以备出售的流动资产、终止经营以及恶性通货膨胀经济中的财务报告等方面与国际会计准则还存在一定的差异。

第二，新会计准则形成了一个可单独实施的较为完善的准则与核算体系，并与会计制度相分离。财政部在1992年发布了《企业会计准则——基本会计准则》，而在1993年又颁布了13个行业会计制度，从此，企业基本上都是依据行业会计制度来进行核算。因此，1992年的准则并没有什么实际意义，更多的是一种象征性的准则。但随着资本市场的快速发展，一系列新的问题暴露出来，尤其是琼民源事件——有关关联方收入确认方面的问题。于是，1997年，财政部发布了第一个具体会计准则《企业会计准则——关联方关系及其交易的披露》。之后，随着问题的出现又陆续发布了15个具体会计准则，故有人把这些准则称为“救火式”准则。因此，原有的基本会计准则和16个具体会计准则并不是一个完整的准则体系，实际上从属于《企业会计制度》，对会计制度起补充作用。而新会计准则体系与国际会计准则体系基本相同，形成了一个较为完善的准则与核算体系，也标志着我国会计准则建设走上了一个新台阶。

第三，按公允价值计量是此次新准则的一个亮点，使决策有用性的目标得以充分体现，确立了资产负债表观的核心地位，并突出会计信息的价值相关性。但根据我国的实际情况，公允价值的使用还存在一定的限制。本套新准则体系主要在金融工具、投资性房地产、非同一控制下的企业合并、债务重组以及非货币性资产交换等方面采用公允价值。

第四，将表外项目引入表内。例如，2006 年修订后的《企业会计准则第 20 号——企业合并》，要求当被购买方的或有负债预计很可能发生并且其公允价值能够可靠计量时，确认为对合并成本的调整。这就改变了过去对或有事项在报表附注中披露的做法，将表外项目引入表内。又如衍生金融工具、股份的支付、合并报表外延的扩大等。表外业务表内化，有利于及时、充分反映企业该类业务所隐含的风险及其对企业财务状况和经营成果的影响。

第五，引入开发费用资本化制度，完善成本补偿制度；要求正确核算职工薪酬，改变成本中低人工费用的格局；将企业承担的社会责任纳入会计体系；预计弃置费用计入固定资产成本；提高信息透明度，突出充分披露原则等。

五、新会计准则对财务会计教学的影响

新会计准则对财务会计教学的影响，主要体现在以下两个方面。

首先，是教材的编写。在新会计准则颁布之前，有关财务会计的教材都是依据企业会计制度、原有会计准则以及相关的法律法规制度来编写的。而新会计准则是一套可单独实施的、与国际准则趋同的会计准则体系，并且执行新会计准则的企业，不再执行原有准则、《企业会计制度》《金融企业会计制度》及各项专业核算办法和问题解答。这表明原有财务会计的教材已过时和落后于现有经济与会计的发展，根据新会计准则体系重新编写一套财务会计教材乃当务之急。

其次，是教学的安排。由上述新会计准则的特点可知，新会计准则体系与原有准则及相关会计制度发生了较大的变化，这要求财务会计的教学也应随之进行改变。如财务会计的基本框架、学时安排、各课程间的衔接、教学重点与难点等。同时还应加强法律与职业意识的培养，加强职业判断与职业道德的培养。另外，还有一点值得重视的是，在财务会计的教学中应该加强我国会计准则（CAS）与国际会计准则（IAS，IFRS）之间的比较与衔接，关注国际会计准则的最新发展动向，并引导学生学会把握准则，进而达到可直接根据准则对经济业务进行核算的目标。因为国际会计准则体系中并没有规定会计科目，企业要根据准则再结合自身的特点来设计适合本企业的会计科目。新会计准则体系考虑到我国会计人员整体素质较低、对原有做法与习惯的依赖性等，在《企业会计准则——应用指南》的附录部分附上了会计科目和主要账务处理。但随着会计标准国际化的进一步深入，这一做法可能会逐步取消而采用国际惯例的做法。因此，财务会计教学有义务和责任培养学生直接准确地把握会计准则的能力。

六、财务会计各门课程安排的初步设想

新会计准则体系的出台与实施标志着我国会计准则与国际会计准则的趋同已取得实质性进展，从而使得依据新会计准则体系所编教材的内容，不仅在质上而且在量上也发生了较大变化。财务会计学按其程度可分为初级财务会计（会计学原理）、中级财务会计与高级财务会计。而这三门课程的内容设计以及相互之间的衔接则是一个值得重视的问题。

有关这三门课程具体的内容安排及每门课程课时安排的初步设想如下。

初级财务会计（会计学原理）是财务会计的入门课程，重点讲述会计核算的基本程序与方法。与传统做法不同的是，我们在这门课程中将结合企业组织（独资、合伙、公司）、企业类型（服务业、商业、制造业）和经济业务（购进、生产、销售）讲解会计处理的程序与方法。例如，在讲述货币资产、应收款项时与销售业务结合起来；讲述成本时，与生产过程、企业的经济活动类型（服务业、商业、制造业）结合起来；讲述所有者权益时，与企业组织（独资、合伙、公司）结合起来。使学生在学会记账的同时，又能将会计信息与企业组织、经济活动类型与经济业务有机联系起来。初级财务会计（会计学原理）的具体内容如图1所示。

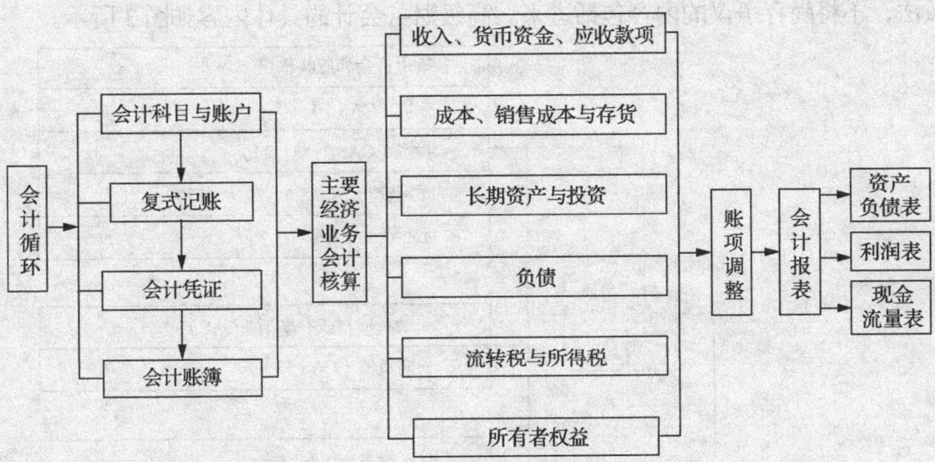

注：收入一章，主要包括收入的类型、收入的确认时间等；

成本一章，先讲公司的类型（服务企业、商业企业、制造企业）以及各种类型企业成本的特点；

所有者权益一章，主要讲述公司组织形式（独资、合伙与公司制）及各种组织形式所有者权益的特点；

会计学原理以讲解会计科目的运用为主，按主要经济业务的类型进行讲解。

图1 初级财务会计（会计学原理）的基本结构

中级财务会计主要围绕编制一般通用财务报告展开，内容包括六大会计要素的会计处理，另外，纳入所得税会计、租赁会计、养老金会计、会计变更与会计差错等。后面这些内容在我国原来的财务会计教材体系中差异较大，有的将其中部分内容放入高级财务会计，有的放在中级财务会计。我们则按照国际流行的做法，将这些内容放在中级财务会计中。中级财务会计和会计学原理在体系上有重复的内容，但在不同课程中同样内容讲解的侧重点是不一样的。如货币资金和应收款项，初级财务会计（会计学原理）与中级财务会计讲解的区别主要体现在，前者着重讲述核算，而后者主要讲述货币资金的管理与控制、结算、坏账准备的计提、应收票据的贴现。另外，初级财务会计（会计学原理）与中级财务会计相同的部分是前者着重会计科目的介绍与运用，后者则重点依照会计准则的规定讲述。中级财务会计的具体内容如图2所示。

一般而言，中级财务会计讲述的是通用财务报告的编制，针对一般企业的基本经济业务。而高级财务会计则是讲述中级财务会计没有涉及的一些内容。这些内容的特点可以用三个字来概括，就是“难”“特”和“新”。“难”体现在会计处理的复杂性上，一般认为，高级财务会计中存在三大难点：合并会计、外币业务与外币报表折算、物价变动会计，后来随着衍生工具的大量出现，衍生工具会计成为高级财务会计的又一大难点*。“特”主要体现在两个方面，一是特殊组织会计，如合伙会计、政府与非营利组织会计；二是特殊业务，如企业重组与破产会计、遗产与信托会计等。“新”则体现在一些前沿领域，如人力资源会计、绿色会计（又称环境会计）、社会责任会计等。教材一个约定俗成的写法是将在理论研究中已经形成比较一致的观点，以及在实务中已经有了相应制度规范的内容进行阐述。由于高级财务会计本身带有一

* 我国著名会计学家常勋教授1999年出版专著《财务会计三大难题》（立信会计出版社），2002年又出版一本名为《财务会计四大难题》的专著（立信会计出版社），就反映了这种变化。后者已发行第三版。

些探索的意味，因此，一些编者会将还处于争议阶段的内容纳入高级财务会计中，但另一些编者则不采用这种做法，这就导致我们看到的国内高级财务会计的体系出入很大。我们采用一种稳健的做法，不将尚存争议的内容包括进来。高级财务会计的具体内容如图 3 所示。

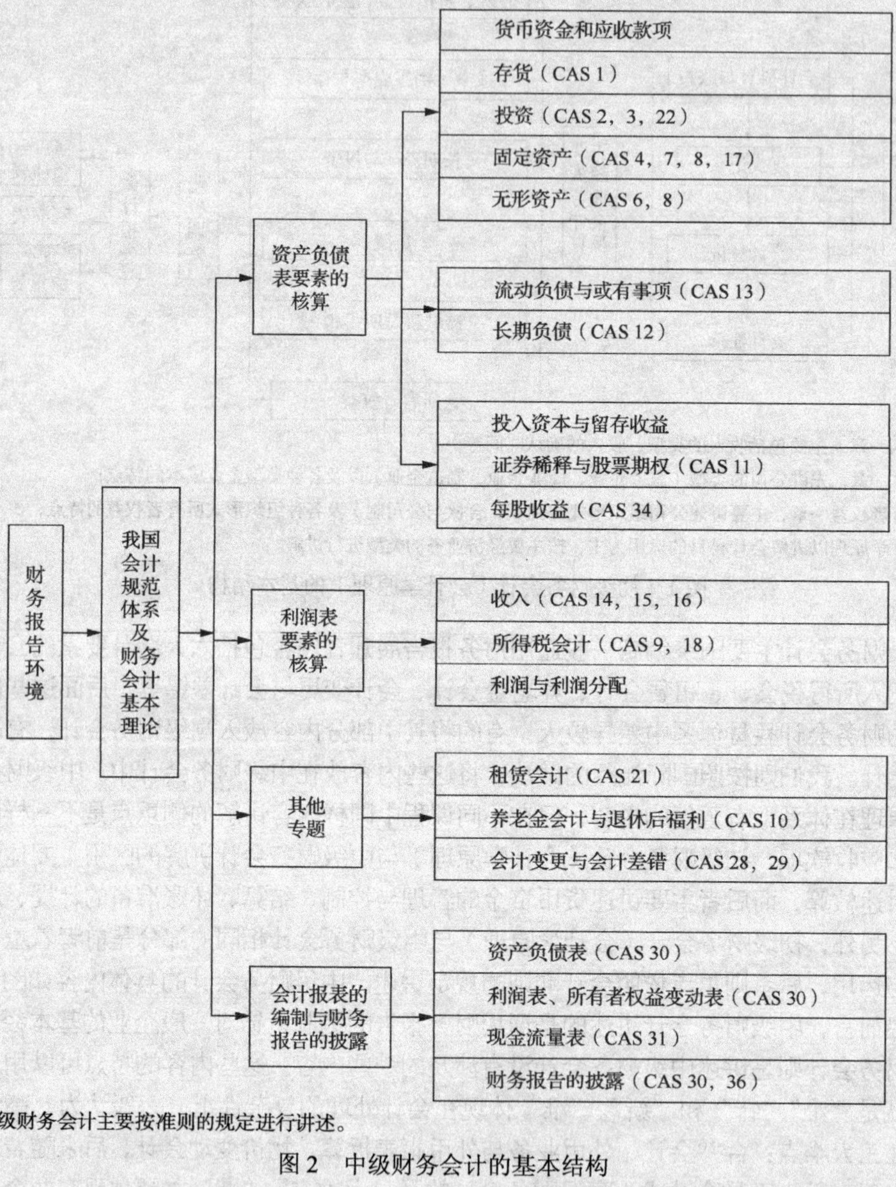

注：中级财务会计主要按准则的规定进行讲述。

图 2　中级财务会计的基本结构

此外，根据三门财务会计课程内容的多少以及难易程度，我们建议初级财务会计（会计学原理）安排 50～60 学时；由于中级财务会计讲述了一个企业的基本经济业务的会计核算，内容较多，一般需安排 60～80 学时；高级财务会计重点讲述难点业务与特殊业务的会计核算，难度较大，课时安排为 50～60 学时。在中级和高级财务会计课程中基本涉及新会计准则的大部分准则（请参见图 2 和图 3 的准则号标注），但仍有一部分特殊行业和特殊业务准则未能涉及，这部分内容则由专门的特种会计课程来讲述，如生物资产（CAS5）、原保险合同（CAS25）、再保险合同（CAS26）、石油天然气开采（CAS27）。

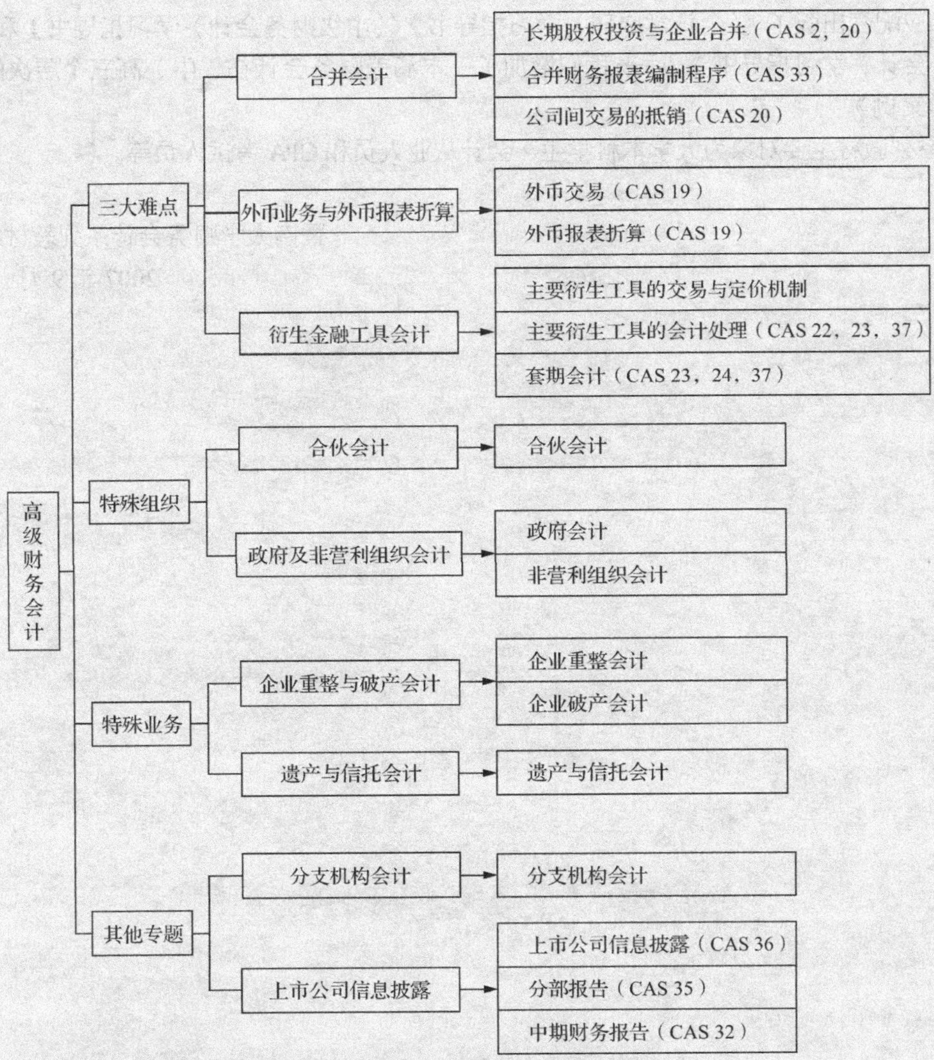

注：企业合并的难点问题及衍生工具更复杂的会计问题等可以作为研究生的教学内容。
上市公司信息披露以中国证券监督管理委员会相关信息披露规定为主。
一些还没有准则规范的内容借鉴国际会计准则和国际惯例进行讲解。

图 3　高级财务会计课程结构

总的来说，会计是国际通用的商业语言，趋同是大势所趋。但会计准则毕竟只是一个提供与生产会计信息的技术规范，它解决的是“该如何办”的问题（楼继伟，2006），对会计准则的实施，则需要会计人员直接对其进行应用与操作。要想达到准则的目标，会计人员能较好地把握会计准则是必不可少的条件。众所周知，我国会计人员整体素质有待提高，而高等院校培养的会计学专业的学生是未来会计人员队伍的主力军和领军力量。因此，为保证新会计准则的顺利实施，根据新会计准则体系来展开财务会计改革及教学乃当务之急。

为了推动新会计准则的实施，我们按照上述设想，依据新会计准则编写出版了财务会计系列教材，分别是《会计学原理》《中级财务会计》和《高级财务会计》。为了方便教学和自学，我们相应配套出版了《〈会计学原理〉学习指导书》《〈中级财务会计〉学习指导书》和《〈高级财务会计〉学习指导书》。后来我们增加了一本涵盖财务会计初、中、高三个层次的《会计教学案例》。

本系列教材主要对象为大学本科学生、会计从业人员和CPA考试人员等。

暨南大学财务会计系列教材编写组

2007年9月

前　言

本书是与《会计学原理（第四版）》配套的学习指导书。每章内容与主教材一致，主要包括本章结构，本章小结，本章概念，本章相关法规、制度及主要阅读文献，练习题及解答，教材练习题解答等几个部分。练习题主要有多选题、判断题和简答题等，教材练习题以会计处理为主，包括编制会计分录、过账和编制会计报表等。

全书由石本仁编写。

本书主要用于学生的学习指导，也可作为教师的参考书。另外，我们将在人邮教育社区（www.ryjiaoyu.com）向教师提供与本教材配套的全套 PPT 和几套复习考试题及参考答案。

本次修订主要是将上一版各章后附的案例集中于本系列教材《会计教学案例》一书，增补了一些章后练习题。另外，书中涉及的所有增值税税率均按新的税率进行了计算，特别是第九章和第十一章的练习题和答案有重大调整。

编者

2018 年 8 月

目 录 Contents

第一章 会计的性质与目的

本章结构 / 1
本章小结 / 1
本章概念（关键词） / 2
本章相关的法规、制度及主要阅读文献 / 2
练习题及解答 / 3

第二章 账户与复式记账

本章结构 / 5
本章小结 / 5
本章概念（关键词） / 6
本章相关的法规、制度及主要阅读文献 / 6
练习题及解答 / 7
教材练习题解答 / 11

第三章 会计循环（一）

本章结构 / 17
本章小结 / 17
本章概念（关键词） / 18
本章相关的法规、制度及主要阅读文献 / 18
练习题及解答 / 19
教材练习题解答 / 21

第四章 会计循环（二）

本章结构 / 27
本章小结 / 27
本章概念（关键词） / 28
本章相关的法规、制度及主要阅读文献 / 29
练习题及解答 / 29
教材练习题解答 / 31

第五章 收入、货币资金与应收款项

本章结构 / 38
本章小结 / 38
本章概念（关键词） / 40

本章相关的法规、制度及主要阅读文献 / 41
练习题及解答 / 41
教材练习题解答 / 44

第六章　生产成本、销售成本与存货

本章结构 / 49
本章小结 / 49
本章概念（关键词） / 50
本章相关的法规、制度及主要阅读文献 / 51
练习题及解答 / 51
教材练习题解答 / 53

第七章　长期资产与投资

本章结构 / 58
本章小结 / 58
本章概念（关键词） / 60
本章相关的法规、制度及主要阅读文献 / 61
练习题及解答 / 61
教材练习题解答 / 63

第八章　负债

本章结构 / 71
本章小结 / 71
本章概念（关键词） / 73
本章相关的法规、制度及主要阅读文献 / 73
练习题及解答 / 73
教材练习题解答 / 76

第九章　流转税与所得税

本章结构 / 80
本章小结 / 80
本章概念（关键词） / 81
本章相关的法规、制度及主要阅读文献 / 81
练习题及解答 / 82
教材练习题解答 / 84

第十章　所有者权益

本章结构 / 88
本章小结 / 88
本章概念（关键词） / 90
本章相关的法规、制度及主要阅读文献 / 90
练习题及解答 / 90
教材练习题解答 / 93

第十一章　财务报表

本章结构 / 98
本章小结 / 98
本章概念（关键词） / 99
本章相关的法规、制度及主要阅读文献 / 99
练习题及解答 / 100
教材练习题解答 / 102
拓展知识　现金流量表编制（间接法） / 114

附录　模拟试题与参考答案

第一章

会计的性质与目的

本章结构

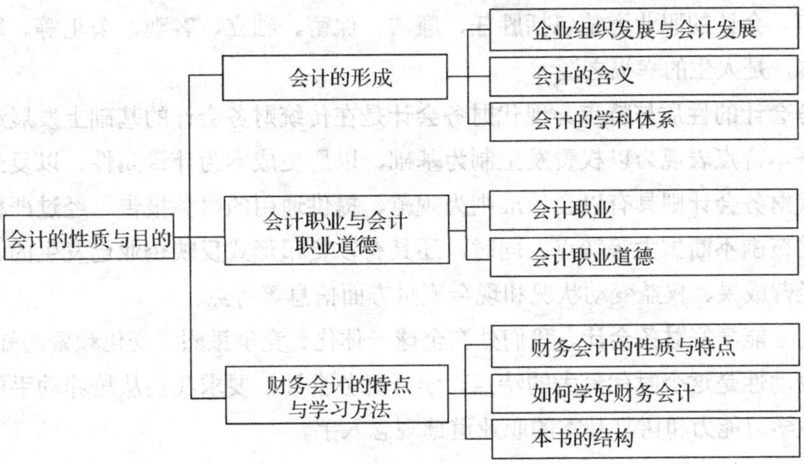

本章小结

了解现代会计与经济发展的关系。会计和企业组织的发展划分为三个阶段：第一阶段，以自给自足、家庭经济为主的生产组织形式所对应的简单刻记和单式簿记的会计，这一时期的会计并不是真正意义上的会计，它同统计、算术是混在一起的，还没有完全独立出来自成一体。第二阶段，独资、合伙和在萌芽状态及发展时期的股份制企业对应的复式簿记和传统会计，这时的会计有了自己独特的记录计量方法和计量体系。第三阶段，现代会计的形成时期，它是在现代股份公司发展成熟后而逐步形成的。除了具备传统会计的一些基本特点外，现代会计实现了以对外提供财务报告为主的现代财务会计和以企业内部经济决策为主的现代管理会计的分离，以公认会计准则为会计核算的基本规则，对外财务报告必须经过严格的独立审计，企业内部设立了越来越严格和科学的内部审计和控制制度等。

认识会计的实质。会计是一个信息控制系统，它的基本职能主要表现在两个方面，一是它的反映和评价职能，这一职能主要由财务会计和审计来完成；二是它的监督和控制职能，这一职能主要由管理会计和内部审计来完成。因此，我们要认识会计必须从一个更全面的角度来进行，会计既不是单一的财务会计，也不是单一的管理会计，它是由财务会计、管理会计、外部审计（以下简称“审计”）和内部审计共同组成的一个集合体。

掌握会计学科的结构。财务会计（初、中、高三个层次）、管理会计（含成本会计）、审计学、内部审计、财务管理（初、中、高三个层次）、计算机会计和审计等组成会计学专业的基本专业核心课程。另外，经济学、管理学、税收、法律、商业环境等也是学习会计必不可少的课程。

了解会计职业。企业分为两类，一类是以营利为目的的，如工厂、商店等；另一类是不以营利为主要目的或者根本不营利的组织，如政府机关、学校等。为前者服务的会计称为企业会计，主要从事财务会计、管理会计、内部审计以及财务管理等工作。为后者服务的会计称为政府与非营利组织会计，主要从事财政预算、相关业务的核算、资金使用、控制和监督等工作。另外，专门提供鉴证和咨询服务等业务的为公共会计。

认识职业道德的重要性。职业道德是会计和审计人员从业时必须遵循的行为准则。一般而言，职业道德是由所在行业组织（如行业协会）来制定的，不同会计职业的职业道德是有区别的。总体而言，会计的职业道德包括胜任、廉洁、保密、独立、客观、公正等。职业道德是职业的立身之本，是人生的幸福之源。

了解财务会计的性质与特点。现代财务会计是在传统财务会计的基础上发展起来的。传统财务会计的基本特点表现为以权责发生制为基础、以历史成本为计量属性、以复式簿记为记账方法等。现代财务会计则具有以会计准则为规范、提供通用的财务报告、经过严格的审计、财务报告披露的范围不断扩大等特点。同时，还具有以货币形式反映企业已发生的、企业整体的财务状况、经营成果、权益变动状况和现金流量方面信息等特点。

明确如何才能学好财务会计。我们处在全球一体化、竞争激烈、变化频繁的知识经济时代，不确定性和变动性是这个时代最大的特点，学好财务会计，要求我们从培养动手能力、职业判断能力、终生学习能力和树立基本的职业道德观念入手。

本章概念（关键词）

企业组织	会计	传统会计
现代会计	决策有用性	受托责任
信息系统	财务会计	控制系统
管理会计	会计学科体系	企业会计
会计人员	内部审计	审计
政府与非营利组织会计	公共会计	注册会计师
职业道德	职业判断能力	终生学习能力

本章相关的法规、制度及主要阅读文献

1.《中华人民共和国会计法》(2017)

2.《中华人民共和国注册会计师法》(2014)

3.《会计基础工作规范》(1996)

4. 中国注册会计师协会. 中国注册会计师职业道德基本准则. 北京：中国财政经济出版社，2009.

5.《企业会计准则——基本准则》(2006，2014)

练习题及解答

一、多选题

1．会计发展到第二个阶段——传统会计，其基本特征有（　　）。

（1）记录按复式簿记　（2）计量属性为历史成本

（3）确认基础为权责发生制　（4）报告为全面性原则

2．财务会计作为一个信息系统，其信息处理过程包括（　　）。

（1）确认　（2）计量　（3）记录　（4）控制

3．管理会计作为一个控制系统，其控制实施处理过程包括（　　）。

（1）计划　（2）组织　（3）评估　（4）分析

4．一个中大型企业的财务工作可以分为以下几个领域（　　）。

（1）财务会计　（2）成本会计　（3）财务管理　（4）管理会计

5．以下属于财务会计部门的工作有（　　）。

（1）会计核算　（2）责任会计　（3）投资分析　（4）财务报告

6．以下属于财务会计部门的工作有（　　）。

（1）投资分析　（2）责任会计　（3）业绩评价　（4）成本控制

7．会计职业可分为（　　）。

（1）企业会计　（2）医院会计　（3）高校会计　（4）公共会计

8．以下哪些属于政府和非营利组织会计（　　）。

（1）企业会计　（2）医院会计　（3）高校会计　（4）公共会计

9．大学会计教育的主要知识结构由（　　）组成。

（1）通识课程　（2）商学基础　（3）专业必修　（4）专业选修

10．会计职业道德规范包括（　　）。

（1）胜任　（2）保密　（3）独立　（4）忠诚

【解答】

1．（1）（2）（3）

2．（1）（2）（3）

3．（1）（2）（3）（4）

4．（1）（3）（4）

5．（1）（4）

6．（2）（3）（4）

7．（1）（4）

8．（2）（3）

9．（1）（2）（3）（4）

10．（1）（2）（3）

二、判断题

1．会计的发展是和经济发展，尤其是企业组织的发展紧密相连的。　　（　　）

2. 现代会计的一个主要特征是形成了以对外提供财务报告为主的现代财务会计和以企业内部经济决策为主的现代管理会计两大分支。（　　）

3. 会计作为一个信息系统，包含财务会计和管理会计。其中，财务会计主要完成对外提供信息的功能，管理会计主要完成对内实施控制的功能。（　　）

4. 财务会计提供的财务报告是由企业自身完成的，所以需要独立的第三方即内部审计进行客观的审查和评价。（　　）

5. 在会计师事务所从事审计工作，也称公共会计。（　　）

6. 会计学专业不需要学习管理学和市场学等商学课程，这些课程与会计学专业的关系不大。（　　）

7. 会计学专业不需要学习哲学、历史、艺术等通识课程，这些课程与会计学专业的关系不大。（　　）

8. 会计职业道德之一是对老板的绝对忠诚，其次才是胜任能力。（　　）

9. 时代变化的特征要求会计的学习必须掌握和培养终生学习的能力。（　　）

10. 职业判断能力只能通过持续的、不间断地培养、训练，不断积累才能养成。虽然在学校我们无法完全形成这种能力，但是这种思维习惯、能力培养和一些基本要求的建立已经开始。（　　）

【解答】

1. √

2. √

3. ×

会计作为一个信息控制系统，财务会计主要完成对外提供信息的功能，管理会计主要完成对内实施控制的功能。

4. ×

财务会计提供的财务报告是由企业自身完成的，所以需要独立的第三方即审计进行客观的审查和评价。

5. √

6. ×

会计学专业需要学习管理学和市场学等商学课程，只有学好这些商学基础课程，才能更好地掌握会计专业知识和所需要的相关能力。

7. ×

大学培养，首要目标是培养一个人的基本人格，其次才是一个专业能力和人才的培养。

8. ×

会计职业道德对老板的忠诚必须建立在客观、公正的基础上，绝对的忠诚偏离了会计职业道德的基本要求。

9. √

10. √

第二章

账户与复式记账

本章结构

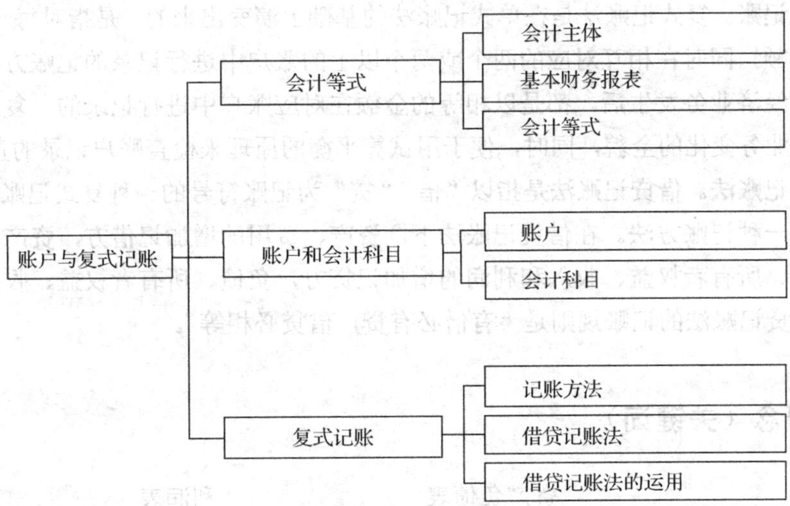

本章小结

理解会计主体。会计主体是指会计服务的特定经济实体，它为会计人员对经济活动进行会计确认、计量和记录以及编制财务报表等会计工作界定了空间范围。会计主体可以是一个企业、一个行政事业单位、一个组织，也可以是一个企业或一个单位的特定组成部分（如分支机构、责任中心等），还可以是由多个企业形成的企业集团。对会计主体的界定要遵循经济实质重于法律形式的原则。会计主体是独立的经济实体但不同于法律主体。

了解基本财务报表及其构成。一个会计主体最基本的财务报表是资产负债表和利润表。资产负债表是反映会计主体在某一特定时日的财务状况，也就是其资产、负债和所有者权益状况的报表。其主要内容框架由反映财务状况的组成要素——资产、负债和所有者权益构成。利润表是总括反映企业在一定期间经营成果的财务报表，由反映企业经营成果的要素——收入、费用和利润构成。

掌握会计等式。会计等式是指表明各会计要素之间基本关系的恒等式，即“资产=负债+所有者权益”。在任何时点，发生任何经济业务后，会计等式仍成立。会计等式的另外两种形式是：“资产=负债+所有者权益+（收入-费用）”和“所有者权益=资产-负债”。

理解货币计量。货币计量是指会计主体在进行会计核算时，以货币作为计量经济业务活动的最佳单位。尽管会计所提供的信息或数据不只限于以货币单位计量，但现有以财务报表为主体的财务报告体系主要包括以货币计量的财务信息。货币计量假设有两个含义：一是假设在诸多计量单位中，货币是计量会计主体经济业务活动及经营结果的最佳单位；二是货币的单位价值是不变的。

掌握账户与会计科目的关系。账户就是对会计要素内容进行科学的分类，并给每一类都赋予标准的名称（会计科目）和相应的结构。会计科目则是对会计要素的具体内容进一步进行科学分类的项目。会计科目与账户之间既有联系，又有区别。会计科目就是账户的名称，而账户除了名称之外，还有一定的格式和结构；会计科目只能反映会计要素的具体内容，而账户还能反映经济业务所引起会计要素的增减变动及其结果。

了解复式记账。复式记账法是在单式记账法的基础上演变出来的，是指对每一项经济业务，都以相等的金额，同时在相互对应的两个或两个以上的账户中进行记录的记账方法。在复式记账法下，每笔经济业务发生后，都是以相等的金额在对应账户中进行记录的。复式记账法能系统地反映经济业务变化的全貌，同时，便于用试算平衡的原理来检查账户记录的正确性。

掌握借贷记账法。借贷记账法是指以“借”“贷”为记账符号的一种复式记账法，是目前世界各国通用的一种记账方法。在借贷记账法下，资产、费用的增加记借方，资产、费用的减少记贷方；负债、所有者权益、收入和利润的增加记贷方，负债、所有者权益、收入和利润的减少记借方。借贷记账法的记账规则是“有借必有贷，借贷必相等”。

本章概念（关键词）

会计主体	资产负债表	利润表
资产	负债	所有者权益
收入	费用	利润
权益	会计等式	货币计量
经济业务	交易	事项
情况	账户	会计科目
总分类账户	明细分类账户	本期发生额
余额	期初余额	期末余额
单式记账法	复式记账法	借贷记账法
记账规则	试算平衡	

本章相关的法规、制度及主要阅读文献

1. 张磊．会计学．北京：北京大学出版社，2005

2. 陈信元．会计学（第二版）．上海：上海财经大学出版社，2005

3.《中华人民共和国民法通则》（1986）

4.《中华人民共和国民法总则》（2017）

5.《企业会计准则——基本准则》（2006，2014）

6.《企业会计准则——应用指南》（2006）

练习题及解答

一、多选题

1. 会计主体与法人主体存在的关系有（　　）。

（1）既是会计主体，又是法人主体

（2）是法人主体，不是会计主体

（3）是会计主体，不是法人主体

（4）几个法人主体，一个会计主体

2. 会计信息使用者包括（　　）。

（1）投资者　　（2）债权人　　（3）政府　　（4）企业自身

3. 具有以下特征的资产可归为流动资产（　　）。

（1）预计在一个正常营业周期中变现、出售或耗用

（2）主要为交易目的而持有

（3）预计在资产负债表日起一年内（含一年）变现

（4）使用流动资金购买

4. 所有者权益包括（　　）。

（1）投资者投入资本

（2）直接计入所有者权益的利得或损失

（3）盈余公积

（4）未分配利润

5. 期间费用包括（　　）。

（1）管理费用　（2）制造费用　　（3）财务费用　　（4）销售费用

6. 经济业务对会计等式的影响存在以下几种情况（　　）。

（1）资产与权益同时增加

（2）资产与权益同时减少

（3）所有者权益与负债同时增减

（4）资产之间有增有减

7. 各类账户增减变化的特点有（　　）。

（1）资产的借方与费用的借方表示增加

（2）负债、所有者权益、收入和利润的减少在借方

（3）资产、费用的期末余额在借方

（4）负债、所有者权益、未分配利润的期末余额在贷方

8. 试算平衡主要体现以下几类平衡关系（　　）。

（1）所有资产的借方余额等于所有资产的贷方余额

（2）所有账户的本期借方发生额等于本期贷方发生额

（3）所有账户的期初借方余额等于期初贷方余额

（4）所有账户的期末借方余额等于期末贷方余额

9．以下属于资产类的会计科目的有（　　）。

（1）预付账款　（2）应付账款　（3）应收账款　（4）预收账款

10．以下属于损益类的会计科目的有（　　）。

（1）生产成本　（2）劳务成本

（3）主营业务成本　（4）其他业务成本

【解答】

1．（1）（3）（4）

2．（1）（2）（3）（4）

3．（1）（2）（3）

4．（1）（2）（3）（4）

5．（1）（3）（4）

6．（1）（2）（4）

7．（1）（2）（4）

8．（2）（3）（4）

9．（1）（3）

10．（3）（4）

二、判断题

1．企业既是一个经济主体，也是一个法人主体。（　　）

2．财务报表反映的是一个企业某个时点的财务状况和现金流量，以及某个时期的经营成果。（　　）

3．资产是指企业过去的交易或事项形成的，由企业拥有并控制的，预期会给企业带来经济利益的经济资源。（　　）

4．所有者权益又称剩余权益，企业在取得利润后，先支付债务人的利息，剩余为投资者所有，全部以利润分配形式分配给投资者。（　　）

5．收入既可表现为所有者权益的增加和资产的增加，也可表现为负债的减少和所有者权益的增加。（　　）

6．成本是对象化的费用，不能对象化的费用为期间费用。（　　）

7．资产负债表和利润表的联系纽带为未分配利润。（　　）

8．总分类账是根据一级会计科目设置的基本账户，它的余额与所属明细分类账的余额总数相等，但方向可能不一致。（　　）

9．坏账准备是应收账款的抵销科目，属于负债类科目。（　　）

10．借贷记账法中的“借”“贷”是一种记账符号，“借”表示增加，“贷”表示减少，资产的余额在借方，负债与所有者权益的余额在贷方。（　　）

【解答】

1．×

企业是一个经济主体，也可能是一个法人主体。

2．×

财务报表反映的是一个企业某个时点的财务状况，以及某个时期的经营成果和现金流量。

3．×

资产是指企业过去的交易或事项形成的，由企业拥有或控制的，预期会给企业带来经济利益的经济资源。

4．×

所有者权益又称剩余权益，企业在取得利润后，先支付债务人的利息，剩余的为投资者所有，全部利润的一部分以利润分配形式分配给投资者，剩余的作为企业的留存收益。

5．√

6．√

7．√

8．×

总分类账是根据一级会计科目设置的基本账户，它的余额与所属明细分类账的余额总数相等，而且方向一致。

9．×

坏账准备是应收账款的抵销科目，属于资产类科目。

10．×

借贷记账法中“借”“贷”是一种记账符号，“借”表示资产等类型账户金额的增加，“贷”表示负债等类型账户金额的减少，资产的余额在借方，负债与所有者权益的余额在贷方。

三、连线题

1．标明下列资产的类别

	应收票据
流动资产	应收账款
	固定资产
非流动资产	存货
	递延所得税资产

2．标明下列各项归属于哪种会计要素

	预付账款
资产	固定资产清理
	预收账款
负债	应收账款
	未分配利润
所有者权益	短期借款
	应付职工薪酬

3．标明下列各项目的属性

	生产成本
成本	制造费用
	主营业务成本
费用	财务费用
	营业外支出

4. 标明各项业务引起的资产、负债及所有者权益变动的情况

	用现金购买设备
资产负债同时增加	向银行借款
资产内部有增有减	赊购商品
资产、所有者权益同时减少	支付股利
	用现金购买股票

5. 标明下列各项负债的类别

	应付债券
流动负债	短期借款
	预计负债
非流动负债	应付股利
	预收款项

【解答】

1.

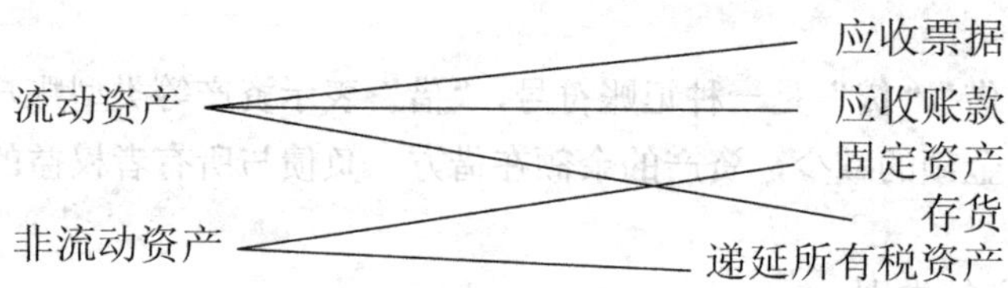

2.

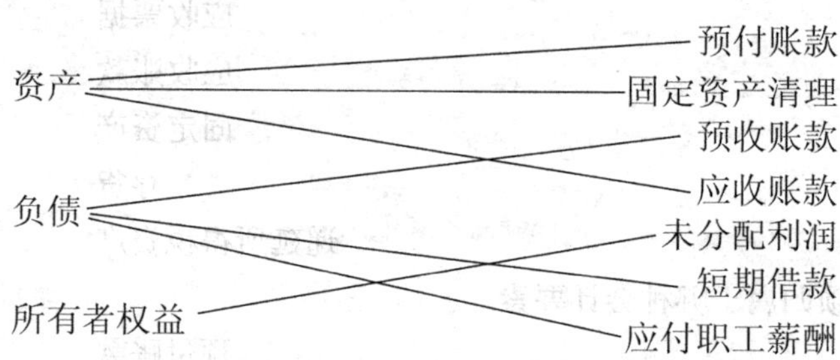

3.

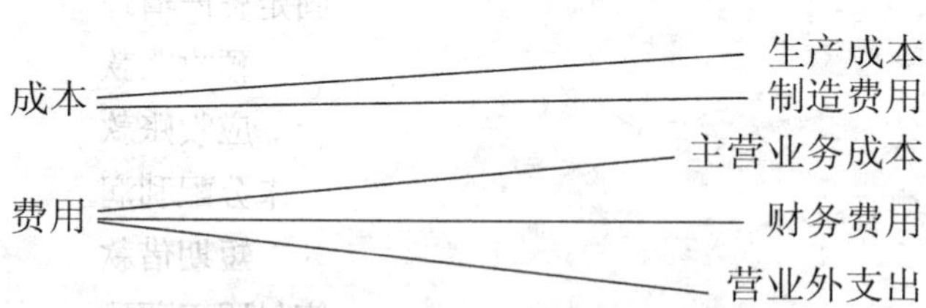

4.

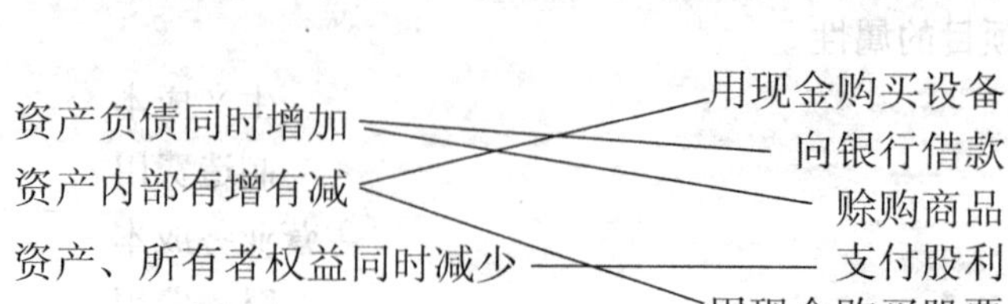

5.

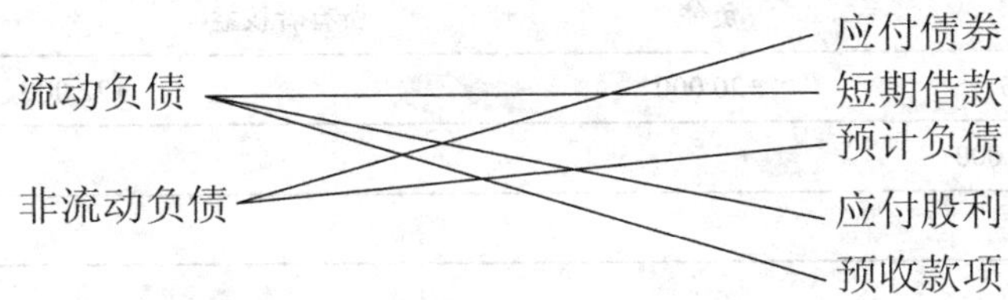

四、简答题

1. 简述会计主体与法人主体之间的关系。

2. 什么是会计要素？会计要素的种类主要有哪些？各要素之间的相互关系是怎样的？

3. 负债与所有者权益的主要区别是什么？

4. 何谓复式记账，其主要特点是什么？

5. 简述账户的作用、结构与特点。

6. 会计科目的作用是什么？主要有哪几类会计科目？

【解答】

（略）

教材练习题解答

一、会计等式

【解答】

1. 假如投资者在 2018 年年未追加投资或抽回投资，2017 年 12 月 31 日的所有者权益为 300 000 000 元（500 000 000−200 000 000），2018 年 12 月 31 日的所有者权益为 400 000 000 元（650 000 000−250 000 000），年末所有者权益减去年初所有者权益即为当年实现的净利润 100 000 000 元（400 000 000−300 000 000）。

2. 假如投资者在 2018 年未追加投资或抽回投资，年末已分配利润 20 000 000 元，则当年实现的净利润为 120 000 000 元（100 000 000+20 000 000）。

3. 假如投资者在 2018 年追加投资 50 000 000 元，则当年实现的净利润为 50 000 000 元（100 000 000−50 000 000）。

4. 假如投资者在 2018 年抽回投资 10 000 000 元，则当年实现的净利润为 110 000 000 元（100 000 000+10 000 000）。

二、会计等式

【解答】（见表 2-1）

表 2-1

业务	资产	=	负债	+	所有者权益	+	（收入-成本或费用）
业务 1	+500 000				+500 000		
业务 2	−50 000+50 000						
业务 3	+2 000−2 000						
业务 4	+5 000−5 000						

续表

业务	资产	=	负债	+	所有者权益	+	（收入-成本或费用）
业务 5	+20 000		+20 000			+22 000	
业务 6	+20 000+2 000						
业务 7	−2 000						+2 000
业务 8	−10 000						+10 000
业务 9			+3 000				+3 000
业务 10	−3 000		−3 000				
合计	527 000	=	20 000	+	500 000	+	（22 000−15 000）

三、账户结构

【解答】（见表 2-2）

表 2-2　　单位：元

账户名称	期初余额	本期借方发生额	本期贷方发生额	期末余额
银行存款	20 000	14 500	13 600	20 900
应收账款	31 980	5 600	23 000	14 580
预收账款	50 000	28 456	8 456	30 000
长期借款	100 000	50 000	25 000	75 000
原材料	54 360	60 000	68 730	45 630
库存商品	65 320	17 110	54 630	27 800
应付账款	34 000	89 000	120 000	65 000
预付账款	30 000	0	17 800	12 200
应交税费	54 000	56 000	62 000	60 000
实收资本	800 000	0	150 000	950 000
资本公积	120 000	0	120 000	240 000

四、会计科目

【解答】

业务 1：投资者投入 100 000 元，存入银行；

业务 2：以银行存款购买固定资产 50 000 元；

业务 3：购买原材料 45 000 元，现金支付 10 000 元，余款未付；

业务 4：预付购货款 25 000 元；

业务 5：借入短期借款 60 000 元；

业务 6：归还应付账款 35 000 元；

业务 7：投资者抽回资本 40 000 元；

业务 8：取得收入 40 000 元，存入银行；

业务 9：转销预付货款，商品入库；

业务 10：耗用原材料 28 000 元。

五、借贷记账法

【解答】

1. 设置账户，将上述经济业务登入相应的账户。

（1）投资者投入 100 000 元。

借方	银行存款		贷方
期初余额	65 000		
①	100 000		

借方	实收资本		贷方
		180 000	期初余额
		100 000	①

（2）购买原材料。

借方	银行存款		贷方
期初余额	65 000		
①	100 000	48 000	②

借方	原材料		贷方
期初余额	50 000		
②	48 000		

（3）原材料入库。

借方	原材料		贷方
期初余额	50 000		
②	48 000		
③	15 000		

借方	预付账款		贷方
期初余额	25 000		
		15 000	③

（4）购买新设备。

借方	银行存款		贷方
期初余额	65 000		
①	100 000	48 000	②
		50 000	④

借方	应付账款		贷方
		25 000	期初余额
		35 000	④

借方	固定资产		贷方
期初余额	100 000		
④	85 000		

（5）支付工资。

借方	银行存款		贷方
期初余额	65 000		
①	100 000	48 000	②
		50 000	④
		4 300	⑤

借方	应付职工薪酬		贷方
		4 300	期初余额
⑤	4 300		

（6）交税金。

借方	银行存款		贷方
期初余额	65 000		
①	100 000	48 000	②
		50 000	④
		4 300	⑤
		3 500	⑥

借方	应交税费		贷方
		3 500	期初余额
⑥	3 500		

（7）发生修理收入。

借方	库存现金		贷方
期初余额	4 800		
⑦	15 000		

借方	应收账款		贷方
期初余额	28 000		
⑦	5 000		

借方	主营业务收入		贷方
		20 000	⑦

（8）将现金存入银行。

借方	银行存款		贷方
期初余额	65 000		
①	100 000	48 000	②
		50 000	④
		4 300	⑤
		3 500	⑥
⑧	10 000		

借方	库存现金		贷方
期初余额	4 800		
⑦	15 000	10 000	⑧

（9）领修理材料。

借方	原材料		贷方
期初余额	50 000		
②	48 000	8 000	⑨
③	15 000		

借方	主营业务成本		贷方
⑨	8 000		

（10）支付水电费。

借方	银行存款		贷方
期初余额	65 000		
①	100 000	48 000	②
		50 000	④
		4 300	⑤
⑧	10 000	3 500	⑥
		2 000	⑩

借方	管理费用		贷方
⑩	2 000		

（11）归还应付账款。

借方	银行存款		贷方
期初余额	65 000		
①	100 000	48 000	②
⑧	10 000	50 000	④
		4 300	⑤
		3 500	⑥
		2 000	⑩
		25 000	⑪

借方	应付账款		贷方
		25 000	期初余额
⑪	25 000	35 000	④

2．根据各账户的期初余额，计算其本期发生额和期末余额。

借方	银行存款		贷方
期初余额	65 000		
①	100 000	48 000	②
⑧	10 000	50 000	④
		4 300	⑤
		3 500	⑥
		2 000	⑩
		25 000	⑪
本期发生额	110 000	132 800	本期发生额
期末余额	42 200		

借方	应付账款		贷方
		25 000	期初余额
⑪	25 000	35 000	④
本期发生额	25 000	35 000	本期发生额
		35 000	期末余额

借方	原材料		贷方
期初余额	50 000		
②	48 000	8 000	⑨
③	15 000		
本期发生额	63 000	8 000	本期发生额
期末余额	105 000		

借方	主营业务成本		贷方
⑨	8 000		
本期发生额	8 000		

借方	管理费用		贷方
⑩	2 000		
本期发生额	2 000		

借方	库存现金		贷方
期初余额	4 800		
⑦	15 000	10 000	⑧
本期发生额	15 000	10 000	本期发生额
期末余额	9 800		

借方	固定资产		贷方
期初余额	100 000		
④	85 000		
本期发生额	85 000		
期末余额	185 000		

借方	主营业务收入		贷方
		20 000	⑦
		20 000	本期发生额

借方	预付账款		贷方
期初余额	25 000		
		15 000	③
		15 000	本期发生额
期末余额	10 000		

借方	实收资本		贷方
		180 000	期初余额
		100 000	①
		100 000	本期发生额
		280 000	期末余额

借方	应收账款		贷方
期初余额	28 000		
⑦	5 000		
本期发生额	5 000		
期末余额	33 000		

借方	应付职工薪酬		贷方
		4 300	期初余额
⑤	4 300		
本期发生额	4 300		
		0	期末余额

借方	应交税费		贷方
		3 500	期初余额
⑥	3 500		
本期发生额	3 500		
		0	期末余额

3．编制试算平衡表。总分类账户本期发生额及余额试算平衡表如表 2-3 所示。

表 2-3　试算平衡表　单位：元

账户名称	期初余额		本期发生额		期末余额	
	借方	贷方	借方	贷方	借方	贷方
库存现金	4 800		15 000	10 000	9 800	
银行存款	65 000		110 000	132 800	42 200	
应收账款	28 000		5 000		33 000	
预付账款	25 000			15 000	10 000	
原材料	50 000		63 000	8 000	105 000	
固定资产	100 000		85 000		185 000	
短期借款		50 000				50 000
应付账款		25 000	25 000	35 000		35 000
预收账款		10 000				10 000
应交税费		3 500	3 500			0
应付职工薪酬		4 300	4 300			0
实收资本		180 000		100 000		280 000
主营业务收入				20 000		
主营业务成本			8 000			
管理费用			2 000			
未分配利润						10 000*
合计	272 800	272 800	320 800	320 800	385 000	385 000

*10 000 元为本月主营业务收入减去主营业务成本和管理费用后转入未分配利润。

第三章

会计循环（一）

本章结构

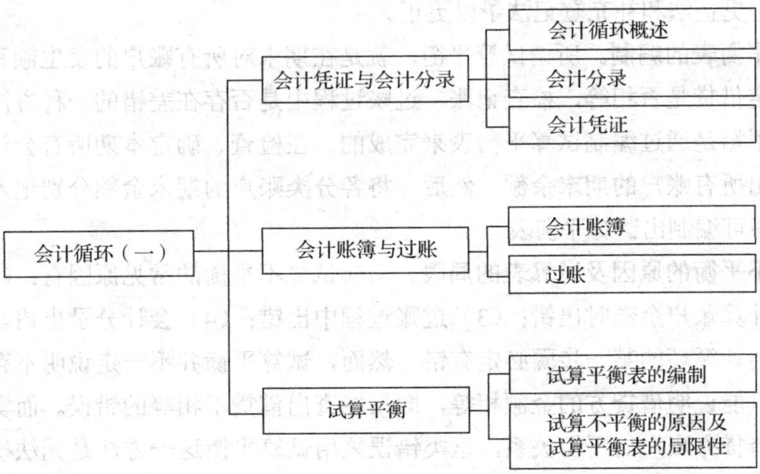

本章小结

理解会计循环。所谓会计循环，是指企业在一个会计期间所需要经历的会计工作环节，一般包括编审凭证、编制分录、记账、试算、调整、结账和编制财务报告等一系列程序。由于这些程序和方法在每一会计期间循环往复、周而复始，故被称为会计循环。

掌握会计分录的编制。会计分录，就是标明某项经济业务的应借应贷账户及其金额的一种记录。会计分录分为简单分录和复合分录。简单分录只有一借一贷的对应关系，即借方和贷方各只有一个账户；复合分录有一借多贷、一贷多借或多借多贷的对应关系。在实际会计工作中，会计分录就写在记账凭证上。

掌握原始凭证与记账凭证的编制。原始凭证是在经济业务发生或完成时取得或填制的，用来证明交易或事项的发生、明确经济责任并作为记账依据的最初书面证明文件，是会计核算的重要依据。原始凭证经审核合格后即可编制记账凭证。记账凭证是会计人员根据审核无误的原始凭证编制的、用来确定会计分录、作为记账直接依据的会计凭证。

掌握账簿的设置与登记。会计账簿是由一定格式、相互连接的账页组成的，以会计凭证为依据，全面、系统、连续地记录各项交易或事项的簿籍。会计账簿按其用途，可分为序时账簿、分类账簿和备查登记簿。日记账又可分为普通日记账和特种日记账。如果一个企业根据记账的需要，为某一类经济业务设置了专门的日记账，这种日记账称为特种日记账，与此同时，还需要设置一本用来登记特种日记账所容纳不了的其他经济业务的日记账，即普通日记账。总分类账对企业的经济业务进行概括反映，一般只提供较总括的金额指标。常见的总分类账有两栏式和三栏式两种。明细分类账则是总分类账簿的必要补充，它所提供的信息对日常的经营管理非常重要。其格式通常有三栏式、数量金额式和多栏式三种。企业在会计核算中，除了设置总分类账外，还要设置相应的明细分类账，并采用平行登记法来登记总分类账和明细分类账。

掌握过账方法和错账的更正方法。过账就是将会计凭证上每一笔会计分录的借项和贷项记录分别转记到分类账的各有关账户中去。记账后若发现错误，则应根据不同的情况分别采用画线更正法、红字更正法和补充登记法予以更正。

掌握试算平衡表的编制。所谓试算平衡，就是在期末对所有账户的发生额和（或）余额进行加总，以确定借贷是否相等，检查记账、过账过程中是否存在差错的一种方法。在实际会计工作中，试算平衡是通过编制试算平衡表来完成的。在检查、确定本期所有会计分录都已正确过账后，计算出所有账户的期末余额。然后，将各分类账户的期末余额分别记入试算平衡表的借方和贷方栏即可编制出试算平衡表。

了解试算不平衡的原因及试算表的局限。引起试算不平衡的常见原因有：（1）编制试算表时出错；（2）计算账户余额时出错；（3）过账过程中出错；（4）会计分录出错。当试算不平衡时，可以肯定会计循环的某一步骤必定有错，然而，试算平衡并不一定说明不存在错误。这是因为试算平衡只能说明借贷方的金额相等，即只能查出借贷不相等的错误。而实际工作中有些错误并不影响借贷方账户的平衡关系，这类错误采用试算平衡这一方法是无法检查出来的，即试算表有其局限性。

本章概念（关键词）

会计循环　会计分录　简单会计分录
复合会计分录　会计凭证　原始凭证
记账凭证　会计账簿　日记账
普通日记账　特种日记账　分类账
总分类账　明细分类账　过账
画线更正法　红字更正法　补充登记法
试算平衡　试算平衡表

本章相关的法规、制度及主要阅读文献

1．刘峰．会计学基础．北京：高等教育出版社，2000
2．张磊．会计学．北京：北京大学出版社，2005
3．《企业会计准则——应用指南》（2006）

练习题及解答

一、多选题

1. 以下工作属于会计循环程序的有（　　）。
（1）编制与审核原始凭证　（2）调整与结账
（3）编制与审核会计凭证　（4）财务报告审计
2. 按所登记经济业务的对应关系，会计分录可分为（　　）。
（1）简单分录　（2）复合分录　（3）结账分录　（4）调整分录
3. 按照用途，账簿可分为（　　）。
（1）序时账簿　（2）银行日记账　（3）分类账簿　（4）备查账簿
4. 下列属于自制原始凭证的有（　　）。
（1）销货发票　（2）购货发票　（3）材料入库单　（4）工资表
5. 下列哪些属于原始凭证填列必须具备的项目（　　）。
（1）原始凭证的名称　（2）填制原始凭证的日期与编号
（3）接受原始凭证单位的签章　（4）经济业务的主要内容
6. 试算平衡表平衡后，仍然会出现错误的主要原因有（　　）。
（1）漏记某项经济业务
（2）重复登记某项经济业务
（3）将一笔经济业务借贷方向相反登记
（4）将某一分类账的余额过入另一账户
7. 总分类账和明细分类账平行登记的原则有（　　）。
（1）同时登记　（2）方向相同　（3）金额相等　（4）依据相同
8. 在会计凭证上签字的人员有（　　）。
（1）会计主管　（2）经办人　（3）记账人员　（4）审核人员
9. 在原始凭证上签字的人员有（　　）。
（1）会计主管　（2）经办人　（3）记账人员　（4）审核人员
10. 过账包括以下哪些必需的工作（　　）。
（1）将会计凭证中所载明的摘要登记于分类账户的摘要栏内
（2）将会计凭证中各笔分录的借方和贷方金额分别过入相应账户的借方或贷方的金额栏内
（3）将凭证号填入分类账户的过账记号栏内
（4）将分类账户的账户编号或页数填列在会计凭证的过账记号栏内，以表示该记账凭证的分录已过账

【解答】

1. （1）（2）（3）
2. （1）（2）
3. （1）（3）（4）
4. （3）（4）
5. （1）（2）（4）

6.（1）（2）（3）（4）

7.（1）（2）（3）（4）

8.（1）（3）（4）

9.（1）（2）（4）

10.（1）（2）（3）（4）

二、判断题

1. 收据是发票的一种，是登记经济业务会计分录的原始凭证。（　　）

2. 原始凭证的审核主要是指对所登记的金额、计算结果及其他必要的项目进行审查和核对。（　　）

3. 总账是根据报表项目开设的，是编制会计报表的主要依据。（　　）

4. 记账也称“过账”，就是将记账凭证上的每一笔分录的借项和贷项金额转登到相应的账户中去。（　　）

5. 红字更正法主要适用于账簿登记中出现的记账错误，采用这种方法时，先冲销错误登记，再用蓝字登记正确的会计处理。（　　）

6. 任何分录必定是借记账户的左边，同时贷记账户的右边，其借贷差额称为账户余额。（　　）

7. 原始凭证中，一定要留下经办人的签章。（　　）

8. 记账凭证中，一定要留下经办人的签章。（　　）

9. 原始凭证一定要经过严格控制的审核，以保证凭证中所描述的经济业务同实际发生的经济业务是一致的，并且符合相应的规定要求，记账凭证不一定需要进行审核，因为已经经过了一道审核。（　　）

10. 账簿中出现问题，可以直接检查原始凭证，因为账簿中留有原始凭证的编号。（　　）

【解答】

1. ×

收据可以作为登记经济业务会计分录的原始凭证，但不是发票。

2. √

3. ×

总账是根据一级会计科目开设的，是编制会计报表的主要依据。

4. √

5. √

6. ×

只有实账户才有账户余额。

7. √

8. ×

记账凭证中，不需要留下经办人的签章，因为所附原始凭证已经留下经办人的签章。

9. ×

记账凭证一定需要进行审核，审核原始凭证的内容是否在记账凭证中全面正确登记。

10. ×

账簿中出现问题，可以直接检查原始凭证，因为账簿中留有记账凭证的编号，原始凭证附在记账凭证后面。

三、简答题

1．简述会计循环的基本流程。

2．什么是会计分录？为何经济业务发生时不直接登入相应的账簿？

3．记账凭证分为哪几类？每类凭证的作用如何？

4．简述按用途对账簿的分类，并说明总分类账和明细分类账的设置原则和登记原则。

5．如何发现错账？指出错账更正的方法及适用情况。

【解答】

（略）

教材练习题解答

一、编制会计分录

【解答】

（1）借：银行存款	500 000	
贷：实收资本		500 000
（2）借：待摊费用	60 000	
贷：银行存款		60 000
（3）借：管理费用	1 500	
贷：银行存款		1 500
（4）借：固定资产	28 500	
贷：银行存款		28 500
（5）借：库存现金	2 000	
贷：银行存款		2 000
（6）借：管理费用	450	
贷：库存现金		450
（7）借：库存商品	100 000	
贷：银行存款		65 000
应付账款		35 000
（8）借：库存现金	50 000	
应收账款	30 000	
贷：主营业务收入		80 000
借：银行存款	50 000	
贷：库存现金		50 000
（9）借：管理费用	3 500	
贷：应付职工薪酬		3 500
（10）借：应付职工薪酬	3 500	
贷：银行存款		3 500

（11）借：管理费用　　1 000
　　贷：银行存款　　1 000
（12）借：管理费用　　1 580
　　贷：银行存款　　1 580

二、编制会计分录

【解答】

（1）借：银行存款　　200 000
　　贷：长期借款　　200 000
（2）借：固定资产　　900 000
　　贷：银行存款　　450 000
　　　　长期应付款　　450 000
（3）借：库存商品　　200 000
　　贷：银行存款　　100 000
　　　　应付账款　　100 000
（4）借：银行存款　　50 000
　　贷：短期借款　　50 000
　　借：应付账款　　35 000
　　贷：银行存款　　35 000
（5）借：其他应收款——李林　　2 000
　　贷：银行存款　　2 000
（6）借：固定资产　　15 000
　　贷：银行存款　　15 000
（7）借：库存现金　　4 500
　　贷：预收账款　　4 500
（8）借：银行存款　　200 000
　　　　应收账款　　50 000
　　贷：主营业务收入　　250 000
（9）借：银行存款　　25 000
　　贷：应收账款　　25 000
（10）借：销售费用　　2 580
　　贷：其他应收款——李林　　2 000
　　　　库存现金　　580
（11）借：管理费用　　480
　　贷：库存现金　　480
（12）借：主营业务成本　　180 000
　　贷：库存商品　　180 000
（13）借：管理费用　　3 000
　　　　销售费用　　2 000
　　贷：应付职工薪酬　　5 000

（14）借：应付职工薪酬　　　　4 500

　　　贷：银行存款　　　　　　4 500

（15）借：管理费用　　　　　　3 120

　　　贷：银行存款　　　　　　3 120

三、记账与试算平衡

【解答】

1．开设“T”形账户，将会计分录过入各相应账户并计算各账户的本期发生额和实账户的期末余额。

借方	银行存款		贷方
期初余额	386 920		
①	200 000	450 000	②
④	50 000	100 000	③
⑧	200 000	35 000	④
⑨	25 000	2 000	⑤
		15 000	⑥
		4 500	⑭
		3 120	⑮
本期发生额	475 000	609 620	本期发生额
期末余额	252 300		

借方	其他应收款		贷方
期初余额	0		
⑤	2 000	2 000	⑩
本期发生额	2 000	2 000	本期发生额
期末余额	0		

借方	管理费用		贷方
⑪	480		
⑬	3 000		
⑮	3 120		
本期发生额	6 600		

借方	销售费用		贷方
⑩	2 580		
⑬	2 000		
本期发生额	4 580		

借方	主营业务收入		贷方
		250 000	⑧
		250 000	本期发生额

借方	应付账款		贷方
		35 000	期初余额
④	35 000	100 000	③
本期发生额	35 000	100 000	本期发生额
		100 000	期末余额

借方	库存商品		贷方
期初余额	50 000		
③	200 000	180 000	⑫
本期发生额	200 000	180 000	本期发生额
期末余额	70 000		

借方	主营业务成本		贷方
⑫	180 000		
本期发生额	180 000		

借方	库存现金		贷方
期初余额	1 550		
⑦	4 500	580	⑩
		480	⑪
本期发生额	4 500	1 060	本期发生额
期末余额	4 990		

借方	固定资产		贷方
期初余额	28 500		
②	900 000		
⑥	15 000		
本期发生额	915 000		
期末余额	943 500		

借方	预收账款		贷方
		0	期初余额
		4500	⑦
		4500	本期发生额
		4500	期末余额

借方	长期应付款		贷方
		0	期初余额
		450 000	②
		450 000	本期发生额
		450 000	期末余额

借方	应收账款		贷方
期初余额	30 000		
⑧	50 000	25 000	⑨
本期发生额	50 000	25 000	本期发生额
期末余额	55 000		

借方	应付职工薪酬		贷方
		0	期初余额
⑭	4 500	5 000	⑬
本期发生额	4 500	5 000	本期发生额
		500	期末余额

借方	短期借款		贷方
		0	期初余额
		50 000	④
		50 000	本期发生额
		50 000	期末余额

借方	长期借款		贷方
		0	期初余额
		200 000	①
		200 000	本期发生额
		200 000	期末余额

2. 编制试算平衡表（见表3-1）。

表3-1 总分类账户本期发生额及余额试算平衡表 单位：元

账户名称	期初余额		本期发生额		期末余额	
	借方	贷方	借方	贷方	借方	贷方
库存现金	1 550		4 500	1 060	4 990	
银行存款	386 920		475 000	609 620	252 300	
应收账款	30 000		50 000	25 000	55 000	
其他应收款			2 000	2 000	0	
库存商品	50 000		200 000	180 000	70 000	
待摊费用	60 000				60 000	
固定资产	28 500		915 000		943 500	
短期借款				50 000		50 000
应付账款		35 000	35 000	100 000		100 000
预收账款				4 500		4 500
应付职工薪酬			4 500	5 000		500
长期应付款				450 000		450 000
长期借款				200 000		200 000
实收资本		500 000				500 000
主营业务收入				250 000		
主营业务成本			180 000			
销售费用			4 580			
管理费用			6 600			
未分配利润		21 970				80 790*
合计	556 970	556 970	1 877 180	1 877 180	1 385 790	1 385 790

*80 790元为21 970元和58 820元之和，58 820元为本月主营业务收入减去主营业务成本、销售费用和管理费用后转入未分配利润。

四、账户分析

【解答】

（1）该公司当年的净利润计算如下。

净利润=主营业务收入-主营业务成本-管理费用

=100 000-70 000-15 000

=15 000（元）

（2）当年银行存款增减变动额和年底银行存款余额计算如下。

借方	应收账款		贷方
期初余额	42 000		
赊销	100 000	62 000	轧算减少
本期发生额	100 000	62 000	本期发生额
期末余额	80 000		

借方	应付账款		贷方
		25 000	期初余额
轧算减少	63 000	70 000	赊购
本期发生额	63 000	70 000	本期发生额
		32 000	期末余额

借方	银行存款		贷方
期初余额	58 000		
应收账款减少	62 000	63 000	应付账款减少
		15 000	支付管理费
本期发生额	62 000	78 000	本期发生额
期末余额	42 000		

（3）当年的净利润为 15 000 元，而当年银行存款减少 16 000 元，这是因为净利润是根据权责发生制来计算的。

五、错账更正

【解答】

1．编制更正分录。

（1）借：周转材料　　[1 800]（红字）

　　贷：应付账款　　[1 800]（红字）

借：固定资产　　1 800

　　贷：应付账款　　1 800

或

借：固定资产　　1 800

　　贷：周转材料　　1 800

（2）借：银行存款　　90

　　贷：应收账款　　90

（3）借：管理费用　　[570]（红字）

　　贷：库存现金　　[570]（红字）

借：销售费用　　570

　　贷：库存现金　　570

或

借：销售费用　　　　570

　　贷：管理费用　　　　570

（4）借：应收账款　　　　2 000

　　贷：主营业务收入　　　　2 000

借：银行存款　　　　2 000

　　贷：主营业务收入　　　　2 000

（5）借：主营业务成本　　　　500

　　贷：库存商品　　　　500

借：管理费用　　　　500

　　贷：库存商品　　　　500

2．编制正确的试算平衡表，如表 3-2 所示。

表 3-2　　试算平衡表　　单位：元

会计科目	借方	贷方
库存现金	800	
银行存款	12 000	
应收账款	3 000	
库存商品	35 920	
周转材料	5 000	
固定资产	66 580	
应付账款		8 500
应付职工薪酬		5 300
实收资本		105 000
主营业务收入		32 400
主营业务成本	22 500	
管理费用	4 830	
销售费用	570	
合计	151 200	151 200

第四章

会计循环（二）

本章结构

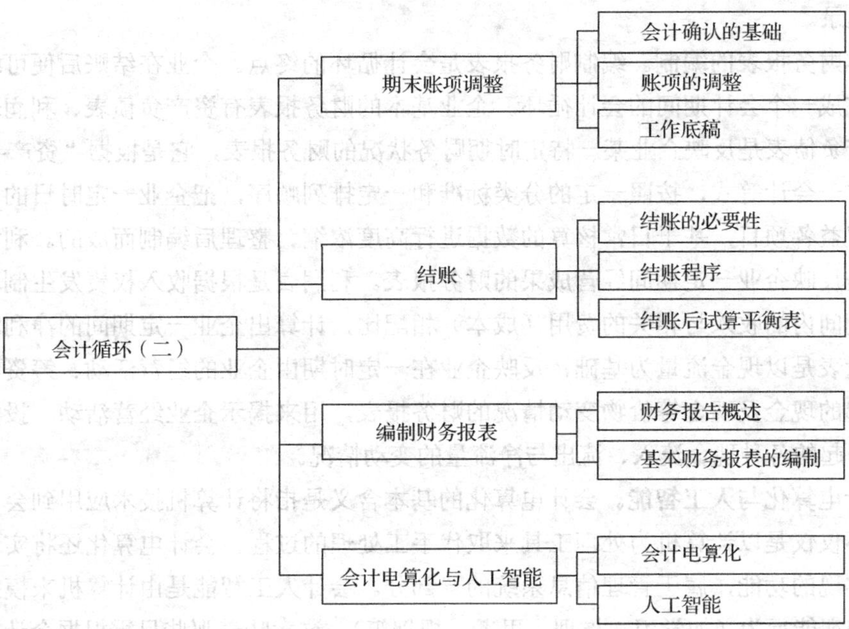

本章小结

理解持续经营与会计分期。持续经营是指企业在可预见的将来（无明显反证的情况下）都可连续地经营下去；会计分期就是指将会计主体连续无限的经营划分为相等的会计期间。持续经营与会计分期假设对财务会计起着举足轻重的作用。实际上，离开持续经营与会计分期假设就不可能形成现在这一套财务会计与报告模式。

了解权责发生制与收付实现制及其区别。权责发生制又称应计制。它以权利或义务的发生与否为标准来确认收入和费用，即凡是在经济利益有可能流入企业从而导致企业资产增加或者负债减少且经济利益的流入能够可靠计量时，不论企业是否已取得这笔款项，都应确认为收入；同样，在经济利益很可能流出从而导致企业资产减少或者负债增加且经济利益的流出能够可靠计量时，即使与该项义务相关联的款项支付行为尚未发生，也应确认为费用。收付实现制又称现金制。它确定本期收入和费用，是以款项实际收到和付出为标准。按照收付实现制，凡属本期收到的款项就归为本期的收入，凡本期支付出去的款项就归为本期的费用；反之，凡不是本期收到的款项，不是本期支付出去的款项，就不作为本期的收入和费用处理。由于款项的收付实际上以现金收付为准，所以又称为现金制。

掌握期末应予调整的项目及其调整分录的编制。期末的账项调整包括三大类，即应计项目（应计费用和应计收入）、递延项目（预付费用和预收收入）和估计项目。所有的调整分录均需过入相应账户，并需再进行一次试算，以检查将调整分录过入相应账户时是否存在差错。

掌握结账的程序。期末结账时，所有虚账户都要结清。结清虚账户时，先设置“本年利润”账户，以归集本期各收入、费用类账户的余额。“本年利润”账户一般只在期末结账计算本期经营成果时使用。期末结账的最后，要将“本年利润”账户的余额转入 “利润分配——未分配利润”账户。对所有实账户都要进行结转，即资产、负债和所有者权益类账户的余额均需结转到下期，继续记录。

掌握基本财务报表的编制。编制财务报表是会计循环的终点。企业在结账后便可编制财务报表，从而完成一个会计期间的会计循环。企业基本的财务报表有资产负债表、利润表和现金流量表。资产负债表是反映企业某一特定时期财务状况的财务报表，它是根据“资产=负债+所有者权益”这一会计等式，按照一定的分类标准和一定排列顺序，把企业一定时日的资产、负债和所有者权益各项目，基于日常核算的数据进行高度浓缩、整理后编制而成的。利润表又称损益表，它是反映企业一定期间经营成果的财务报表。利润表是根据收入权责发生制和配比原则，将一定期间内的收入与相关的费用（成本）相配比，计算出企业一定期间的净利润或净亏损。现金流量表是以现金流量为基础，反映企业在一定时期由企业的经营活动、筹资活动和投资活动所引起的现金及现金等价物变动情况的财务报表，用来揭示企业经营活动、投资活动和筹资活动所引起的各种现金流入、流出与净流量的变动情况。

了解会计电算化与人工智能。会计电算化的基本含义是指将计算机技术应用到会计处理工作中，但又不仅仅是以计算机为处理工具来取代手工处理的过程。会计电算化还将实现手工会计处理无法实现的功能，属于管理信息系统的一部分。会计人工智能是由计算机来模拟人的某些思维过程和智能行为（如学习、推理、思考、规划等）。这意味着那些只需根据会计准则将经济业务以会计分录形式反映出来的、简单的、重复性的数据收集与处理的工作将会逐渐被机器人所替代。因此，在这个时代能站稳脚跟的会计人员，则是能对大数据进行加工、处理与分析，并为信息需求者提供有用的信息，以帮助他们做出更有效的决策。

本章概念（关键词）

持续经营　　会计分期　　权责发生制
收付实现制　　配比原则　　应计费用
应计收入　　预付费用　　预收收入
坏账准备　　折旧　　结账
实账户　　虚账户　　对账
财务报告　　资产负债表　　利润表
现金流量　　现金流量表　　会计电算化
人工智能

本章相关的法规、制度及主要阅读文献

1. 葛家澍，杜兴强．会计理论．上海：复旦大学出版社，2005
2. 陈信元．会计学（第二版）．上海：上海财经大学出版社，2005
3.《企业会计准则——基本准则》（2006，2014）
4.《企业会计准则——应用指南》（2006）
5. 刘峰．会计学基础．北京：高等教育出版社，2000
6. 艾文国．会计电算化．北京：高等教育出版社，2003

练习题及解答

一、多选题

1．会计核算中配比包括（　　）。

（1）因果配比　（2）系统配比　（3）期间配比　（4）事项配比

2．两种基本的会计确认为（　　）。

（1）收付实现制与应计制　（2）现金制与应计制

（3）现金制与收付实现制　（4）权责发生制与收付实现制

3．期末调整项目的种类有（　　）。

（1）应计项目　（2）递延项目　（3）结账项目　（4）估计项目

4．下列属于虚账户的有（　　）。

（1）主营业务成本　（2）营业外支出

（3）生产成本　（4）销售费用

5．下列属于实账户的有（　　）。

（1）本年利润　（2）未分配利润　（3）预付账款　（4）预收账款

6．我国现行准则要求对外提供的基本财务报表有（　　）。

（1）资产负债表　（2）利润表

（3）现金流量表　（4）利润分配表

7．会计的四个基本假设为（　　）。

（1）会计主体　（2）货币计量

（3）持续经营　（4）权责发生制度

8．会计调整的方法主要包括（　　）。

（1）应计　（2）递延　（3）分配　（4）摊销

9．以下属于应计形成项目的是（　　）。

（1）预付费用　（2）应付利息　（3）预收账款　（4）应计利息

10．以下属于应计形成项目的是（　　）。

（1）应计利息　（2）预付费用　（3）坏账准备　（4）折旧费用

【解答】

1．（1）（3）

2. (1)(2)(4)
3. (1)(2)(4)
4. (1)(2)(4)
5. (2)(3)(4)
6. (1)(2)(3)
7. (1)(2)(3)
8. (1)(2)(3)(4)
9. (2)(4)
10. (3)(4)

二、判断题

1. 权责发生制与收付实现制就是因为会计分期而产生的。（　　）

2. 权责发生制是以权利或义务的发生与否为标准来确认收入与费用的，而本期现金的收支又是判断权利或义务发生与否的基本前提。（　　）

3. 应计费用又称待摊费用，是指本期已发生，应由本期负担但还未支付款项的费用。（　　）

4. 虚账户又称“临时性账户”，在每个会计期末要将这些账户的金额全部予以结清。设置虚账户的目的是计算一个期间的损益结果。（　　）

5. 递延项目必然会随着营业的持续而逐渐减少，并成为已实现的收入或已发生的费用。（　　）

6. 从长期观点看，权责发生制与收付实现制下所计算的会计净利润是相等的。（　　）

7. 在一个会计期内，如果事项发生的同时伴随现金的收付，现金制与权责发生制下的处理是相同的。（　　）

8. 所谓结账就是指在会计期末将各账户余额结清或结转至下期，以结束这一期间的会计记录工作。实账户称结清，虚账户称结转。（　　）

9. 会计净利润之所以和经营活动带来的现金净流量不一致，主要是现行会计采用的是权责发生制，以及净利润还包括经营活动以外的收益。（　　）

10. 会计电算化和人工智能终将会取代人工处理会计，所以学习会计没有前途。（　　）

【解答】

1. √

2. ×

权责发生制是以权利或义务的发生与否为标准来确认收入与费用的，而本期经济业务的发生与否是判断权利或义务发生与否的基本前提。

3. ×

应计费用与待摊费用不是一个概念，待摊费用又称预付费用，是指本期已支付，但不由本期负担而递延到以后期间的费用。

4. √

5. √

6. √

7. √

8. ×

虚账户称结清，实账户称结转。

9. √

10. ×

企业活动模式是不断变化的，会计的规则也在不断变化，另外，由于经济业务的复杂性，很多会计处理机器无法进行有效判断。会计电算化和人工智能无法最终取代人工会计处理，所以学习会计是有前途的。

三、简答题

1．什么是持续经营？为何要进行会计分期？

2．比较收付实现制与权责发生制的异同。

3．简述结账的必要性和基本程序。

4．概述三张主要报表之间的关系。

5．何谓会计电算化？会计电算化的发展趋势是什么？既然有电子会计处理系统，我们为何还要学习会计处理的基本方法和程序？

6．财务机器人的出现，对财务人员的冲击有哪些，我们如何应对这一新的变化。

【解答】

（略）

教材练习题解答

一、权责发生制与收付实现制

【解答】

1．根据收付实现制与权责发生制分别确定两种制度下的收入与费用项目（在表 4-1 中用√表示）及金额。

表 4-1

	收付实现制		权责发生制	
	收入	费用	收入	费用
1. 本月销售商品 50 000 元，货款未收。			√	
2. 收到某企业订货款 15 000 元，商品尚未发出。	√			
3. 收到上期商品销货款 30 000 元。	√			
4. 支付本月水电费 4 500 元。		√		√
5. 计提本月折旧费 8 500 元。				√
6. 预提本月银行借款利息 1 580 元。				√
7. 支付本季度利息费用 4 740 元。		√		
8. 预付下一季度保险费用 3 000 元。		√		
9. 摊销本月保险费用 1 000 元。				√
10. 本月购进商品 30 000 元，货款已付。		√		
11. 结转本月销货成本 28 000 元。				√
合计	45 000	42 240	50 000	43 580

2．两种方式下的利润分别是 2 760 元（45 000−42 240）和 6 420 元（50 000−43 580），差异的原因是两种制度在确定收入（分别为 45 000 元和 50 000 元）和费用（分别为 42 240 元和 43 580 元）上的标准不同所导致的。

二、账项调整

【解答】

（1）借：财务费用　　562.5
　　　贷：应付费用　　562.5
　　借：应付费用　　1 687.5
　　　贷：银行存款　　1 687.5

（2）借：待摊费用　　3 600
　　　贷：银行存款　　3 600
　　借：管理费用　　1 200
　　　贷：待摊费用　　1 200

（3）借：预收账款　　50 000
　　　贷：主营业务收入　　50 000

（4）借：银行存款　　36 000
　　　贷：预收账款　　36 000

（5）借：银行存款　　25 000
　　　贷：预收账款　　25 000
　　借：预收账款　　15 000
　　　贷：主营业务收入　　15 000

（6）借：制造费用　　30 000
　　　　管理费用　　10 000
　　　贷：累计折旧　　40 000

（7）借：销售费用　　36 800
　　　贷：周转材料（28 000+27 200−18 400）　　36 800

三、漏账的影响

【解答】如表 4-2 所示。

表 4-2

项目	漏账的影响				
	（1）	（2）	（3）	（4）	（5）
收入					−
成本或费用	−	−	−	−	
净利润	+	+	+	+	
流动资产				+	
非流动资产		+			
流动负债	−		−		
非流动负债					
所有者权益	+	+	+	+	−

四、会计循环

【解答】

1．编制会计分录。

（1）借：固定资产　50 000
　　贷：应付账款　50 000

（2）借：应付账款　20 000
　　贷：银行存款　20 000

（3）借：管理费用　1 500
　　贷：其他应收款　1 000
　　　　库存现金　500

（4）借：应付职工薪酬　10 000
　　贷：银行存款　10 000

（5）借：库存商品　30 000
　　贷：银行存款　15 000
　　　　应付账款　15 000

（6）借：待摊费用　12 000
　　贷：银行存款　12 000

（7）借：银行存款　80 000
　　贷：主营业务收入　80 000

（8）借：管理费用　4 000
　　　　销售费用　8 000
　　贷：应付职工薪酬　12 000

（9）借：管理费用　5 000
　　贷：银行存款　5 000

调整分录。

（10）借：财务费用　500
　　贷：应付利息　500

（11）借：管理费用　1 500
　　贷：累计折旧　1 500

（12）借：应收利息　2 000
　　贷：财务费用　2 000

（13）借：其他应付款　2 000
　　贷：其他业务收入　2 000

（14）借：管理费用　1 000
　　贷：待摊费用　1 000

（15）借：主营业务成本　50 000
　　贷：库存商品　50 000

2．登记“T”形账户。

开设“T”形账户，将会计分录过入各相应账户，并计算各账户的本期发生额和实账户的期末余额（“T”形账包括结账分录）。

借方	银行存款		贷方
期初余额	180 000		
（7）	80 000	20 000	（2）
		10 000	（4）
		15 000	（5）
		12 000	（6）
		5 000	（9）
本期发生额	80 000	62 000	本期发生额
期末余额	198 000		

借方	应付账款		贷方
		30 000	期初余额
（2）	20 000	50 000	（1）
		15 000	（5）
本期发生额	20 000	65 000	本期发生额
		75 000	期末余额

借方	库存商品		贷方
期初余额	40 000		
（5）	30 000	50 000	（15）调
本期发生额	30 000	50 000	本期发生额
期末余额	20 000		

借方	销售费用		贷方
（8）	8 000		
本期发生额	8 000	8 000	结（1）

借方	主营业务收入		贷方
		80 000	（7）
结（2）	80 000	80 000	本期发生额

借方	库存现金		贷方
期初余额	10 000		
		500	（3）
		500	本期发生额
期末余额	9 500		

借方	管理费用		贷方
（3）	1 500		
（8）	4 000		
（9）	5 000		
（11）调	1 500		
（14）调	1 000		
本期发生额	13 000	13 000	结（1）

借方	其他应收款		贷方
期初余额	1 000		
		1 000	（3）
		1 000	本期发生额
期末余额	0		

借方	固定资产		贷方
期初余额	100 000		
（1）	50 000		
本期发生额	50 000		
期末余额	150 000		

借方	应付职工薪酬		贷方
		10 000	期初余额
（4）	10 000	12 000	（8）
本期发生额	10 000	12 000	本期发生额
		12 000	期末余额

借方	待摊费用		贷方
期初余额	0		
（6）	12 000	1 000	（14）调
本期发生额	12 000	1 000	
期末余额	11 000		

借方	其他应付款		贷方
		12 000	期初余额
（13）调	2 000		
本期发生额	2 000		
		10 000	期末余额

借方	累计折旧		贷方
		20 000	期初余额
		1 500	（11）调
		1 500	本期发生额
		21 500	期末余额

借方	应付利息		贷方
		0	期初余额
		500	（10）调
		500	本期发生额
		500	期末余额

借方	财务费用		贷方
（10）调	500	2 000	（12）调
本期发生额	500		
结（2）	1 500		

借方	应收利息		贷方
期初余额	0		
（12）调	2 000		
本期发生额	2 000		
期末余额	2 000		

借方	主营业务成本		贷方
（15）调	50 000		
本期发生额	50 000	50 000	结（1）

借方	其他业务收入		贷方
		2 000	（13）调
结（2）	2 000	2 000	本期发生额

借方	本年利润		贷方
结（1）	71 000	83 500	结（2）
结（3）	12 500		

3．编制工作底稿，如图 4-1 所示。

4．编制结账分录。

（1）借：本年利润　　71 000

　　贷：销售费用　　8 000

　　　　管理费用　　13 000

　　　　主营业务成本　　50 000

（2）借：主营业务收入　　80 000

　　　　其他业务收入　　2 000

　　　　财务费用　　1 500

　　贷：本年利润　　83 500

（3）借：本年利润　　12 500

　　贷：利润分配——未分配利润　　12 500

南方贸易公司工作底稿

2019年1月31日　　单位：元

项目	调整前试算表		调整		调整后试算表		利润表		资产负债表	
	借	贷	借	贷	借	贷	借	贷	借	贷
库存现金	9 500				9 500				9 500	
银行存款	198 000				198 000				198 000	
应收账款	20 000				20 000				20 000	
其他应收款										
应收利息			(12) 2 000		2 000				2 000	
库存商品	70 000			(15) 50	20 000				20 000	
待摊费用	12 000			(14) 1 000	11 000				11 000	
固定资产	150 000				150 000				150 000	
累计折旧		20 000		(11) 1 500		21 500				21 500
银行借款		10 000				10 000				10 000
应付账款		75 000				75 000				75 000
其他应付款		12 000	(13) 2 000			10 000				10 000
应付职工薪酬		12 000				12 000				12 000
应付利息				(10) 500		500				500
实收资本		250 000				250 000				250 000
未分配利润		19 000				19 000				19 000
主营业务收入		80 000				80 000		80 000		
其他业务收入				(13) 2 000		2 000		2 000		
主营业务成本			(15) 50		50 000		50 000			
销售费用	8 000				8 000		8 000			
管理费用	10 500		(11) 1 500 (14) 1 000		13 000		13 000			
财务费用			(10) 500	(12) 2 000		1 500		1 500		
合计	478 000	478 000	57 000	57 000	481 500	481 500	71 000	83 500	410 500	410 500
本年利润							12 500			12 500

图 4-1　南方贸易公司工作底稿

5．编制资产负债表和利润表，如表 4-3 和表 4-4 所示。

表 4-3　　资产负债表

编制单位：南方贸易公司　　2019 年 1 月 31 日　　单位：元

资产		负债和所有者权益	
流动资产：		负债：	
货币资金	207 500	银行借款	10 000
应收账款	20 000	应付账款	75 000
应收利息	2 000	应付职工薪酬	12 000
存货	20 000	其他应付款	10 000
待摊费用	11 000	应付利息	500
流动资产合计	260 500	负债合计	107 500
固定资产：		所有者权益：	
固定资产	150 000	实收资本	250 000
减：累计折旧	21 500	未分配利润	31 500
固定资产净值	128 500	所有者权益合计	281 500
资产总计	389 000	负债和所有者权益总计	389 000

表 4-4　　　　利润表

编制单位：南方贸易公司　　　　2019 年 1 月　　　　单位：元

项目	金额
一、营业收入	82 000
减：营业成本	50 000
二、营业利润	32 000
减：财务费用	−1 500
管理费用	11 500
销售费用	9 500
三、利润总额	12 500
四、净利润	12 500

五、现金流量表（间接法）

【解答】

间接法编制的现金流量表如表 4-5 所示。

表 4-5　　　　现金流量表　　　　单位：元

项目	金额
净利润	15 000
加：累计折旧	3 000①
坏账准备	1 000②
减：应收账款增加	−38 000③
加：存货的减少	10 000④
应付账款的增加	7 000⑤
经营活动现金净流量	−2 000
投资活动现金流出	−40 000
筹资活动现金流入	16 000
现金增（减）额	（26 000）

① 折旧会减少净利润，但不会减少现金流。

② 坏账准备会减少净利润，但不会减少现金流。

③ 应收账款与现金同属会计等式的资产方，两者反向变动，应收账款增加会减少现金流。（如果应收账款按净额调整，则坏账准备不用调整）

④ 原理同③，存货减少会增加现金流。

⑤ 应付账款与现金属于会计等式的两边——资产方和负债方，两者同向变动，应付账款增加会同时增加现金流。

第五章

收入、货币资金与应收款项

本章结构

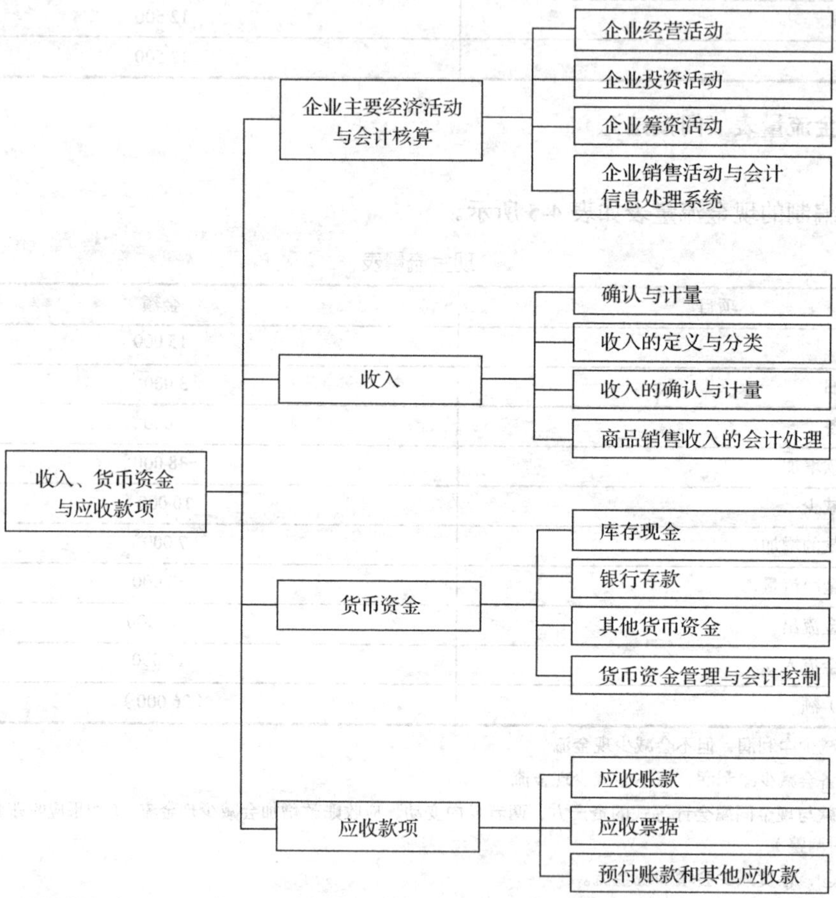

本章小结

了解企业的主要经济活动。企业的主要经济活动大体可分为三类：经营活动、投资活动和筹资活动。就一个制造型企业而言，其经营活动主要由购进、生产和销售三个环节构成，此外，税收也是企业经营活动的一项重要内容。企业投资活动分为对内投资和对外投资两类。对内投资主要包括长期资产的购进，如固定资产、无形资产的购买，长期资产的处置和变卖，长期资产的兴建，研究与开发活动等。对外投资主要是企业将自身的资金和资产让渡给另一方使用并获取相应利益的一种行为，可分为债券投资和股权投资两种。筹资活动是指导致企业资本及债务规模和构成发生变化的经济活动。

理解确认与计量。不是所有的经济业务都能进入会计处理系统进行加工。根据会计处理规则，会计人员要对这些经济业务进行一定的筛选，并且选择适当的时间，以恰当的会计名目进行登记，这一程序称为“确认”。确定了要登记的经济业务，还要进一步解决是以什么金额进行登记的问题，这一步称为“计量”。

掌握收入确认的基本原则与会计处理。收入确认的基本原则回答的是应否确认收入、何时确认以及确认的金额为多少的问题。收入确认必须满足的基本条件是——企业应当履行了合同中的履约义务，即客户取得相关商品的控制权。何时确认的问题，按照最新的收入确认规则，收入分为：按某一时点进行确认和按某一时段进行确认两种。收入的金额，要根据不同的情况来处理。销售商品涉及商业折扣的，应当按照扣除商业折扣后的金额确定销售商品收入的金额；销售商品涉及现金折扣的，应当按照扣除现金折扣前的金额确定销售商品收入的金额，现金折扣在实际发生时计入财务费用。企业实现商品销售收入时，应按已收或应收的合同或协议价款，加上应收取的增值税，借记“银行存款”“应收账款”“应收票据”等科目，按确定的收入金额，贷记“主营业务收入”“其他业务收入”等科目，按应收取的增值税，贷记“应交税费——应交增值税（销项税额）”科目。

掌握货币资金项目的核算。货币资金是指企业所拥有的现金、银行存款和其他货币资金。为了进行现金的总账核算，需要设置“库存现金”账户，对发生的每笔现金收入、支出业务，都必须根据审核无误的原始凭证编制记账凭证，然后据以记账。收到现金时借记“库存现金”账户，支付现金时则贷记“库存现金”账户。为了反映和监督企业银行存款的收入、支出和结存情况，企业应设置“银行存款”账户。该账户借方反映银行存款的增加，贷方反映银行存款的减少，期末借方余额，反映企业存在银行或其他金融机构的各种款项。其他货币资金是企业在经营过程中，存放地点和用途不同于库存现金、银行存款的其他属于货币资金范围的款项，主要包括银行汇票存款、银行本票存款、外埠存款、信用卡存款、信用证保证金存款、存出投资款等。在核算其他货币资金时，应设置“其他货币资金”账户进行总账核算。企业增加其他货币资金时，借记“其他货币资金”，贷记“银行存款”；减少时，借记有关科目，贷记“其他货币资金”；期末借方余额，反映企业持有的其他货币资金。

掌握银行存款余额调节表的编制。企业的银行存款日记账应定期与银行编制的银行对账单核对，至少每月核对一次。企业银行存款日记账余额与银行对账单余额在核对时往往不一致，产生不一致的原因有两个：（1）企业和银行任何一方或双方记账有错；（2）存在未达账项。形成未达账项的情况有以下四种：①企业已经收款入账，银行尚未入账的收款账项；②企业已经付款入账，银行尚未入账的付款账项；③银行已经收款入账，企业尚未入账的收款账项；④银行已经付款入账，企业尚未入账的付款账项。

在对银行存款日记账与银行对账单进行核对的过程中，对由于记账有错造成的双方不符，应查明原因，并编制正确的会计分录加以更正；对未达账项，则应逐笔核对，但企业不需立即在账面上记录反映，待取得凭证后再进行账务处理，只需通过编制银行存款余额调节表对其进行调节使之相符即可。经调节后，两者余额应相等。如果不相等，则应进一步查找原因，并加以纠正。

认识会计控制要点。会计控制的内容主要包括货币资金、实物资产、对外投资、工程项目、采购与付款、筹资、销售与收款、成本费用、担保等经济业务的会计控制。会计控制的方法主要包括不相容职务相互分离控制、授权批准控制、会计系统控制、预算控制、财产保全控制、风险控制、内部报告控制、电子信息技术控制等。

掌握应收款项的核算与管理。应收账款是指企业向客户赊销商品或提供劳务等销售业务而应向客户收取的款项，属于一项债权。为核算企业应收账款的增减变动及结存情况，需要设置“应收账款”账户，并可按债务人进行明细核算。企业赊销商品发生应收账款时，借记“应收账款”，贷记“主营业务收入”，涉及增值税销项税额的，还应贷记“应交税费——应交增值税（销项税额）”；企业代购货方垫付包装费、运杂费的，也借记“应收账款”，贷记“银行存款”；当收回应收账款时，则贷记“应收账款”，借记“银行存款”。期末借方余额，表示企业尚未收回的应收账款；若有贷方余额，则表示企业预收的货款。

应收账款是一项信用资产，如果管理不善，一方面会占用企业大量资金，给企业经营带来极大的制约；另一方面，如果最后造成死账，更是给企业带来无法弥补的经济损失。因此，加强应收账款的管理，也是会计的一项重要工作。首先，采用指标如应收账款周转率或应收账款周转天数来分析和评价企业的应收账款水平；其次，要通过账龄分析法，按不同的标准（如不同的客户、不同的业务员、不同的地区等）对应收账款的账龄进行分析，找出问题的原因和责任人，继而找到解决问题的办法；最后是建立客户的信用档案，通过各种途径调查了解客户信用的变化情况，然后根据客户的信用状况，制定收款和信用销售的政策。

掌握应收票据的核算。应收票据是企业持有的、还未到期兑现的商业汇票。它是企业所拥有的将来向付款人收取款项的一项债权。根据承兑人的不同，商业汇票可分为商业承兑汇票和银行承兑汇票。根据票据是否带息，商业汇票又可分为带息商业汇票和不带息商业汇票。带息商业汇票到期可按票据的面值和规定的利率收取本金和利息；不带息商业汇票到期则只能按票面金额收取款项。另外，商业汇票的流通性较强，可以背书转让，还可贴现。

对于不带息票据，企业因销售商品等取得商业票据时，直接根据票据面值，借记“应收票据”，贷记“主营业务收入”“应交税费——应交增值税（销项税额）”等科目。收回时，则借记“银行存款”，贷记“应收票据”。若不能收回，则将其金额转入应收账款。对于带息票据，企业在取得票据时，按面值入账。票据收回时，包括面值和利息两个部分，借记“银行存款”，贷记“应收票据”（账面价）和“财务费用”（差额）。

本章概念（关键词）

经营活动	投资活动	筹资活动
确认	计量	收入
营业收入	主营业务收入	其他业务收入
营业外收入	控制	履约方式
赊销	现金折扣	商业折扣
货币资金	现金	库存现金
银行存款	备用金	银行汇票

商业汇票	商业承兑汇票	银行承兑汇票
银行本票	支票	汇兑
托收承付	委托收款	其他货币资金
应收账款	坏账	坏账损失
坏账准备	应收票据	带息票据
不带息票据	贴现	贴现息
预付账款	其他应收款	现销

本章相关的法规、制度及主要阅读文献

1.《中华人民共和国票据法》(2004)
2.《支付结算办法》(1997)
3.《企业会计准则——基本准则》(2006，2014)
4.《内部会计控制基本规范》(2008)
5.《内部会计控制规范——货币资金（试行）》(2001)
6.《企业会计准则——应用指南》(2006)
7.《企业会计准则讲解》(2010)
8. 葛家澍，杜兴强．会计理论．上海：复旦大学出版社，2005
9. 陈信元．会计学（第二版）．上海：上海财经大学出版社，2005
10. 周晓苏．会计学．上海：立信会计出版社，2004
11. 企业会计准则第 14 号——收入（2017）

练习题及解答

一、多选题

1. 下列属于经营活动的项目有（　　）。
(1) 购买原材料　　(2) 支付职工工资
(3) 归还银行借款　　(4) 偿还应付账款

2. 下列属于投资活动的项目有（　　）。
(1) 发行股票　　(2) 支付应付债券利息
(3) 收到现金股利　　(4) 变卖固定资产

3. 在判断客户是否取得商品控制权时，企业要考虑的迹象有（　　）。
(1) 企业就该商品享有现时收款权利
(2) 企业已将该商品的法定所有权转移给客户
(3) 企业已将该商品实物转移给客户
(4) 企业已将该商品所有权上的主要风险和报酬转移给客户

4. 营业收入通常包括（　　）。
(1) 商品销售收入　　(2) 盘盈收入
(3) 劳务收入　　(4) 投资收益

5. 下列属于银行转账的结算方式有（　　）。

（1）银行本票　　（2）支票

（3）商业本票　　（4）信用证

6. 应收款项一般包括（　　）。

（1）应收账款　　（2）应收票据　　（3）预收账款　　（4）预付账款

7. 企业银行存款账户的期末余额与银行对账单不符的原因可能有（　　）。

（1）企业记账错误　　（2）未达账项

（3）银行记账错误　　（4）对账单输出错误

8. 下列在“应收票据”科目中核算的项目有（　　）。

（1）银行本票　　（2）银行承兑汇票

（3）商业承兑汇票　　（4）银行汇票

9. 应收票据贴现与下列哪些因素有关？（　　）

（1）贴现利率　　（2）贴现期　　（3）票面利率　　（4）票据面值

10. 计提坏账准备遵循的原则有（　　）。

（1）配比原则　　（2）权责发生制原则

（3）收入实现原则　　（4）稳健性原则

11. 会计控制的主要方法有（　　）。

（1）不相容职务设置　　（2）授权控制

（3）预算控制　　（4）管理控制

12. 货币资金控制主要从（　　）几个方面进行。

（1）现金收入与支出岗位分离　　（2）会计与出纳分离

（3）现金收入不得直接用于现金支出　　（4）库存现金账实定期核对

【解答】

1.（1）（2）（4）

2.（3）（4）

3.（1）（2）（3）（4）

4.（1）（3）

5.（1）（2）（4）

6.（1）（2）（4）

7.（1）（2）（3）（4）

8.（2）（3）

9.（1）（2）（3）（4）

10.（1）（2）（4）

11.（1）（2）（3）

12.（1）（2）（3）（4）

二、判断题

1. 收入确认必须满足的基本条件是企业应当履行了合同中的履约义务，即客户取得相关商品的控制权。这里的取得商品控制权，是指能够主导该商品的使用并从中获得几乎全部的经济

利益。 （ ）

2．企业资金的来源主要为投资者投入、向银行借款以及经营活动中形成的负债。（ ）

3．收入的确认主要解决应否确认、何时确认及确认金额三个关键问题。（ ）

4．收入金额的计量主要考虑现金折扣，不考虑商业折扣。（ ）

5．银行汇票、银行本票、支票等都属于广义的现金范畴。（ ）

6．凡是影响企业债务规模和构成的经济活动，都属于筹资活动，如支付企业所得税。（ ）

7．应收票据贴现所得金额一定小于票据的面值。（ ）

8．企业银行存款总账余额与银行对账单的金额相等，说明双方的记账没有错误。（ ）

9．增值税是企业主营业务收入的抵减项目。（ ）

10．应收账款周转天数是建立在应收账款周转率基础上的，前者比后者更直接，更容易理解。（ ）

11．与销售有关的税属于经营活动，所得税与股利分配一样，则属于筹资活动。（ ）

12．负债属于筹资活动，兴建厂房属于投资活动。（ ）

【解答】

1．√

2．×

企业资金的来源主要为投资者投入、向银行借款以及经营活动中形成的负债和企业利润留存。

3．√

4．√

5．√

6．×

凡是影响企业债务规模和构成的经济活动，都属于筹资活动，但由经营活动产生的负债不属于筹资活动，如支付企业所得税及应付账款等。

7．×

不带息应收票据贴现所得金额一定小于票据的面值。

8．×

企业银行存款总账余额与银行对账单的金额相等，不能绝对说明双方的记账没有错误。

9．×

增值税是价外税。

10．√

11．×

与销售有关的税属于经营活动，所得税也属于经营活动。

12．×

负债中由经营活动产生的应付项目不属于筹资活动而归属于经营活动，兴建厂房属于投资活动。

三、简答题

1．简述企业主要经济活动的类型。

2．复式记账法与确认、计量、记录和报告之间是一种什么关系？

3．确认和计量的主要功能是什么？

4．简要回答收入的特征和收入的基本类型。

5．简要回答收入确认的基本条件和收入确认的两种时间类型。

6．提供现金折扣是一个广泛的商业惯例，请解释理由。

7．简要阐述企业销售活动与会计信息处理系统之间的联系。

8．“如果一个企业中员工的素质都很好，并且自律，就没有必要制定严格的内部控制制度。”你同意这种说法吗，为什么？

9．货币资金通常只占企业总资产的很小比重，根据重要性原则，企业没有必要花太多的精力去设计复杂的监控制度。请分析这种观点。

10．为何坏账不在发生时直接冲销，而要使用备抵法？请说明。

11．不相容职务相互分离是会计控制中的一个基本方法，请举出几个例子，并说明这种方法的作用原理。

12．简述企业如何加强应收账款管理。

13．解释为何不能坐支现金。

【解答】

（略）

教材练习题解答

一、销售、商业折扣与现金折扣

【解答】

（1）5月1日。

	借方	贷方
借：应收账款	147 900	
贷：主营业务收入		127 500
应交税费——应交增值税（销项税额）		20 440

（2）5月10日。

	借方	贷方
借：银行存款（127 500÷2×98%+20 440÷2×98%）	72 471	
财务费用	1 479	
贷：应收账款		73 950

（3）5月20日。

	借方	贷方
借：银行存款（127 500×30%×99%+20 400×30%×99%）	43 926.3	
财务费用	433.7	
贷：应收账款		44 370
借：应收票据	29 580	
贷：应收账款（147 900×20%）		29 580

二、现金

【解答】

1．编制相应的会计分录如下。

（1）3 月 1 日。

借：其他应收款——王强　900

　　贷：库存现金　900

（2）3 月 10 日。

借：库存现金　4 890

　　贷：主营业务收入　4 890

借：银行存款　4 890

　　贷：库存现金　4 890

（3）3 月 15 日。

借：其他应收款——备用金　2 000

　　贷：银行存款　2 000

（4）3 月 20 日。

借：销售费用　800

　　库存现金　100

　　贷：其他应收款——王强　900

（5）3 月 21 日。

借：库存现金　5 140

　　贷：主营业务收入　5 140

（6）3 月 22 日。

借：银行存款　5 000

　　贷：库存现金　5 000

（7）3 月 30 日。

借：管理费用　1 188

　　贷：库存现金　1 188

（8）3 月 31 日。

借：其他应收款　100

　　管理费用　18

　　贷：库存现金　118

2．登记现金日记账，如表 5-1 所示。

表 5-1　现金日记账　单位：元

2018 年		凭证	摘要	对方账户	借方	贷方	余额
月	日						
3	1		期初余额				3 400
	1		预支差旅费	其他应收款		900	2 500
	10		销售	主营业务收入	4 890		7 390

续表

2018年		凭证	摘要	对方账户	借方	贷方	余额
月	日						
3	10		存款	银行存款		4 890	2 500
	20		报销交回余款	其他应收款	100		2 600
	21		销售	主营业务收入	5 140		7 740
	22		存款	银行存款		5 000	2 740
	30		报销	管理费用		1 188	1 552
	31		盘点短缺	管理费用与其他应收款		118	1 434
			合计		10 130	12 096	1 434

三、银行存款

【解答】

1．编制相应的会计分录如下。

（1）6月1日。

借：银行存款　　25 800

　　贷：应收账款　　25 800

（2）6月5日。

借：应收账款　　208 800

　　贷：主营业务收入　　180 000

　　　　应交税费——应交增值税（销项税额）　　28 800

（3）6月7日。

借：原材料　　50 000

　　贷：银行存款　　50 000

（4）6月15日。

借：银行存款（180 000÷2×98%+28 800÷2）　　102 600

　　财务费用（180 000÷2×2%）　　1 800

　　贷：应收账款（208 800÷2）　　104 400

（5）6月22日。

借：固定资产　　85 000

　　贷：银行存款　　35 000

　　　　应付账款　　50 000

（6）6月25日。

借：管理费用　　850

　　贷：银行存款　　850

（7）6月28日。

借：应付账款　　50 000

　　贷：银行存款　　50 000

2．登记银行存款“T”形账户。

借方		银行存款	贷方
期初余额	185 000		
6月1日	25 800	50 000	6月7日
6月15日	102 600	35 000	6月22日
		850	6月25日
		50 000	6月28日
本期发生额	128 400	135 850	本期发生额
期末余额	177 550		

四、银行存款余额调节表

【解答】

南方公司编制银行存款余额调节表如表5-2所示。

表5-2　银行存款余额调节表

2018年3月1日　　单位：元

项目	金额	项目	金额
企业银行存款余额	177 550	银行对账单余额	314 520
加：南方公司未入账，银行已收到的货款	+105 300	减：银行未入账，南方公司已支付的设备款	−50 000
减：南方公司未入账，银行已支付的水电费	−18 500	减：银行少记南方公司购买办公用品款	−270
减：银行已入账，南方公司未入账的手续费	−100		
调节后余额	264 250	调节后余额	264 250

五、应收账款

【解答】

1．编制2018年相应的坏账确认、收回及坏账准备计提的会计分录。

（1）坏账确认。

借：坏账准备　　55 000

　　贷：应收账款　　55 000

（2）坏账收回。

借：应收账款　　30 000

　　贷：坏账准备　　30 000

借：银行存款　　30 000

　　贷：应收账款　　30 000

（3）计提本年坏账准备。

2018年年末需要计提的坏账准备=1 580 000×1%=15 800（元）

2018年实际需要计提数=55 000+15 800−（12 500+30 000）=28 300（元）

借：资产减值损失　　28 300

　　贷：坏账准备　　28 300

2．计算南方公司应收账款周转率及平均收账期，并简要评价南方公司应收账款管理水平。

$$应收账款周转率=\frac{5\,500\,000}{(1\,250\,000+1\,580\,000)\div 2}=3.89（次/年）$$

$$平均收账期=\frac{365}{3.89}=93.8（天）$$

南方公司应收账款管理水平处于行业平均水平，还应进一步提升。

六、应收票据

【解答】

（1）3 月 1 日。

借：应收票据　　850 000

　　贷：应收账款　　850 000

（2）4 月 1 日。

到期值=850 000×（1+6.5%×3÷12）=863 812.5（元）

贴息=863 812.50×7%×2÷12=10 077.8（元）

实收额=863 812.5−10 077.8=853 734.7（元）

借：银行存款　　853 734.7

　　贷：贴现应收票据　　850 000

　　　　财务费用　　3 734.7

（3）6 月 1 日。

借：贴现应收票据　　850 000

　　贷：应收票据　　850 000

借：应收账款　　863 812.5

　　贷：银行存款　　863 812.5

第六章

生产成本、销售成本与存货

本章结构

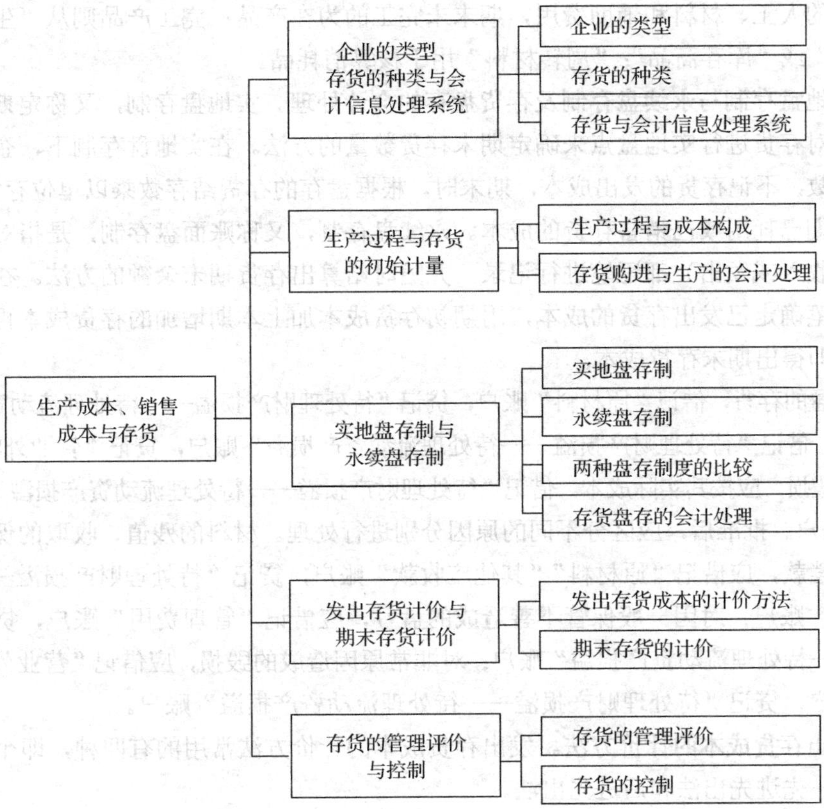

本章小结

了解企业的类型及其存货的种类。按生产经营的性质，企业一般可分为服务企业、商业企业和制造企业。服务企业提供的产品是无形服务，包括个人服务组织、专业服务组织、建筑业和修理业等。除了建筑业和修理业存在一定量的存货外，其他服务企业几乎不存在产成品存货，只有少量的低值办公用品等。商业企业的存货就是品种繁多的各类可供销售的商品。制造企业的存货类型要比服务企业和商业企业复杂得多，是企业日常活动中持有以备出售的产成品或商品、处于生产过程中的在产品、在生产过程或提供劳务过程中耗用的材料和物料等。生产性工业企业的存货主要有三种，即原材料与在产品、产成品、其他消耗品。企业持有存货的最终目的是出售。

掌握制造业存货成本的构成及会计处理。制造企业不同的存货种类其成本的构成也不同。（1）原材料的成本就是它的采购成本，包括购买价款、相关税费、运输费、装卸费、保险费以及其他可归属于存货采购成本的费用。（2）在产品存货的成本由下列两个部分构成：一是生产过程中领用的原材料存货成本；二是从投入原材料开始生产到本会计期末所发生的加工成本，加工成本包括直接人工以及按照一定方法分配的制造费用。（3）产成品存货的成本由产成品的制造成本和其他成本构成。

在制造企业中，存货主要包括原材料、在产品、产成品、周转材料等。通常通过设置下面这些账户进行核算："原材料"账户核算所采购的原料；"生产成本"和"制造费用"归集生产过程中发生的人工、材料和辅助费用，期末未完工的为在产品；完工产品则从"生产成本"转入"产成品"或"库存商品"；"周转材料"用于核算消耗品。

理解实地盘存制与永续盘存制及存货盘存的会计处理。实地盘存制，又称定期盘存制，是指会计期末对存货进行实地盘点来确定期末存货数量的方法。在实地盘存制下，企业日常只记存货的收入数，不记存货的发出成本，期末时，根据盘存的存货结存数乘以单位存货的盘存价，以倒轧出本期已耗用或已销售存货的成本。永续盘存制，又称账面盘存制，是指对企业存货每一项变动（收入或发出）都逐笔进行记录，并随时结算出存货期末余额的方法。在永续盘存制下，企业逐笔确定已发出存货的成本，用期初存货成本加上本期增加的存货成本再减去发出存货成本后，即得出期末存货成本。

对于盘盈的存货，借记"原材料"账户，贷记"待处理财产损溢——待处理流动资产损溢"账户。批准后，借记"待处理财产损溢——待处理流动资产损溢"账户，贷记"营业外收入"账户；存货盘亏或毁损，应按其实际成本，借记"待处理财产损溢——待处理流动资产损溢"账户，贷记"原材料"账户。批准后，应区分不同的原因分别进行处理。材料的残值、收取的保险赔偿款和责任人的赔偿款，应借记"原材料""其他应收款"账户，贷记"待处理财产损溢——待处理流动资产损溢"账户；对因一般保管不善造成的盘亏，应借记"管理费用"账户，贷记"待处理财产损溢——待处理流动资产损溢"账户；对非常原因造成的毁损，应借记"营业外支出——非常损失"账户，贷记"待处理财产损溢——待处理流动资产损溢"账户。

掌握发出存货成本的计价方法。发出存货成本的计价方法常用的有四种，即个别计价法、平均成本法、先进先出法和后进先出法。

掌握期末存货成本的计价。我国《企业会计准则》规定，企业资产负债表中的存货应以成本与可变现净值较低者来列示。当期末存货成本高于可变现净值时，应根据其差额计提存货跌价准备，计入当期损益。

了解存货管理的评价与控制。在商业和制造业中，存货往往占用大量的资产，加强存货的管理可以提高资金的使用效率。存货管理的两个基本评价指标为存货周转次数和存货周转天数。

本章概念（关键词）

存货	原材料	在产品
产成品	采购成本	加工成本
制造费用	实地盘存制	永续盘存制

盘盈　　盘亏　　个别计价法
简单加权平均法　　移动加权平均法　　先进先出法
后进先出法　　可变现净值　　存货周转率
存货周转天数　　存货管理　　存货控制

本章相关的法规、制度及主要阅读文献

1.《企业会计准则——基本准则》（2006，2014）
2.《企业会计准则——应用指南》（2006）
3.《企业会计准则讲解》（2010）
4. 陈信元．会计学（第二版）．上海：上海财经大学出版社，2005
5. 周晓苏．会计学．上海：立信会计出版社，2004
6. 罗伯特·N·安东尼．会计学：教程与案例（第 11 版）（财务与会计分册）．北京：机械工业出版社，2005

练习题及解答

一、多选题

1. 制造企业的存货主要有（　　）。
（1）原材料　（2）在产品　（3）产成品　（4）消耗品
2. 外购存货的成本主要包括（　　）。
（1）买价　（2）运输费　（3）保险费　（4）增值税
3. 自制存货的成本主要包括（　　）。
（1）材料费用　（2）人工费用　（3）制造费用　（4）管理费用
4. 确认存货数量的方法有（　　）。
（1）定期盘存制　（2）永续盘存制　（3）实地盘存制　（4）账面盘存制
5. 发出存货的计价方法有（　　）。
（1）个别计价法　（2）先进先出法
（3）后进先出法　（4）成本与市价孰低法
6. 按生产经营的性质，可将企业分为（　　）。
（1）服务企业　（2）制造企业　（3）商业企业　（4）零售企业
7. 下列属于服务性的企业有（　　）。
（1）旅馆业　（2）修理业　（3）建筑业　（4）银行
8. 周转材料主要包括（　　）。
（1）包装物　（2）原材料　（3）在产品　（4）低值易耗品
9. 与存货相关的会计处理包括（　　）。
（1）存货取得　（2）存货盘点
（3）期末存货计价　（4）发出存货计价

10．盘点损失可以登记的会计科目有（　　）。

（1）管理费用　　（2）其他应收款　　（3）应收账款　　（4）营业外支出

【解答】

1．（1）（2）（3）（4）

2．（1）（2）（3）

3．（1）（2）（3）

4．（1）（2）（3）（4）

5．（1）（2）（3）

6．（1）（2）（3）

7．（1）（2）（3）（4）

8．（1）（4）

9．（1）（2）（3）（4）

10．（1）（2）（4）

二、判断题

1．由于采用永续盘存制能随时掌握期末库存数，因而不需对存货进行实地盘点。（　　）

2．在物价不变的情况下，先进先出法与后进先出法下计算的销货成本是一样的。（　　）

3．采用后进先出法能使企业少报告利润，从而减少当期应交所得税。（　　）

4．企业随时在先进先出法与后进先出法之间进行转换违背了稳健性原则。（　　）

5．成本与可变现净值孰低法不符合一致性原则，但符合稳健性原则。（　　）

6．定期盘存制与一次加权平均法相对应，而移动加权平均法是与永续盘存制对应的。（　　）

7．后进先出法下可以通过存货的购进而改变当期销售成本。（　　）

8．我国现行制度规定，减值准备一经计提，不得转回。（　　）

9．企业因为雷电造成存货短缺损失（没有该项保险）可记入“管理费用”科目。（　　）

10．永续盘存制下期末存货盘点短缺计入存货发出成本中。（　　）

【解答】

1．×

采用永续盘存制能随时掌握的是期末库存的账面数而不是实存数量，而实存数量需对存货进行实地盘点来获得。

2．√

3．×

采用后进先出法只有在物价不断上涨的情况下才能使企业少报告利润，从而减少当期应交所得税。

4．×

企业随时在先进先出法与后进先出法之间进行转换违背了一致性原则。

5．×

成本与可变现净值孰低法符合稳健性原则。只要前后各期均使用这一方法，就不违反一致性原则。

6．√

7. √

8. ×

我国现行制度规定，长期资产如固定资产等减值准备一经计提，不得转回。

9. ×

企业因为雷电造成存货短缺损失（没有该项保险）应记入“营业外支出”科目。

10. ×

定期盘存制下期末存货盘点短缺计入存货发出成本中。

三、简答题

1. 简述存货购进与自制的经济业务与相应的会计处理信息系统的关系。
2. 阐述产品生产的基本流程。
3. 比较永续盘存制与定期盘存制。
4. 简述存货盘盈与盘亏的会计处理规定。
5. 综述个别计价法、先进先出法、后进先出法、加权平均法对资产计价和收益的影响。
6. 如何评价存货管理绩效，如何加强存货的控制？
7. 说明不同类型企业存货的特点。
8. 为何毛利越高的企业，存货的周转次数越低？

【解答】

（略）

教材练习题解答

一、生产成本、存货与销售成本

【解答】

1. 编制相应的会计分录。

		借方	贷方
（1）	借：原材料	3 000 000	
	周转材料	100 000	
	应交税费——应交增值税（进项税额）	496 000	
	贷：银行存款		3 596 000
（2）	借：生产成本——直接材料	2 800 000	
	贷：原材料		2 800 000
（3）	借：生产成本——直接人工	500 000	
	制造费用	200 000	
	管理费用	150 000	
	贷：应付职工薪酬		850 000
（4）	借：制造费用——折旧	50 000	
	——水电费	180 000	
	管理费用	20 000	
	贷：累计折旧		70 000
	银行存款		180 000

（5）借：制造费用　400 000
　　贷：周转材料　400 000
　借：生产成本　830 000
　　贷：制造费用（200 000+50 000+180 000+400 000）　830 000
（6）借：产成品　5 304 000
　　贷：生产成本　5 304 000
　5 304 000=（2 500 000+2 800 000+500 000+830 000）×0.8
（7）借：应收账款　5 185 200
　　贷：主营业务收入　4 470 000
　　　应交税费——应交增值税（销项税额）　715 200

2．计算单位产品成本，并结转销售成本。

$$单位产品成本=\frac{5\,304\,000}{20\,000}=265.2（元）$$

借：主营业务成本（265.2×15 000）　3 978 000
　贷：产成品　3 978 000

3．开设“T”形账户，结出存货及存货明细账 2 月初的余额。

借方	生产成本		贷方
期初余额	2 500 000		
（2）	2 800 000		
（3）	500 000		
（5）	830 000	5 304 000	（6）
本期发生额	4 130 000	5 304 000	本期发生额
期末余额	1 326 000		

借方	产成品		贷方
期初余额	2 000 000		
（6）	5 304 000	3 978 000	（8）
本期发生额	5 304 000	3 978 000	本期发生额
期末余额	3 326 000		

借方	周转材料		贷方
期初余额	800 000		
（1）	100 000	400 000	（5）
本期发生额	100 000	400 000	本期发生额
期末余额	500 000		

借方	制造费用		贷方
（3）	200 000		
（4）	230 000		
（5）	400 000	830 000	（5）
本期发生额	830 000	830 000	本期发生额

借方	原材料		贷方
期初余额	500 000		
（1）	300 0 000	2 800 000	（2）
本期发生额	300 0 000	2 800 000	本期发生额
期末余额	700 000		

2 月初存货余额=1 326 000（生产成本余额）+700 000（原材料）+3 326 000（产成品）+500 000（周转材料）=5 852 000（元）

二、盘存制度

【解答】

1．用一次加权平均法计算存货单价，相关数据如表 6-1 所示。

$$存货平均单价=\frac{22\,500+17\,200+15\,400}{5\,000+4\,000+3\,500}=4.408（元）$$

表 6-1 存货明细账

计量单位：件

货币单位：元

2018 年		摘要	购入			发出			结存		
月	日		数量	单价	金额	数量	单价	金额	数量	单价	金额
7	1	期初余额							5 000	4.5	22 500
	4	销售				3 000	4.408	13 224			
	8	购入	4 000	4.3	17 200						
	12	销售				5 000	4.408	22 040			
	20	购入	3 500	4.4	15 400						
	22	销售				2 800	4.408	12 342.4			
	31	期末盘点							1 500	4.408	6 612

期末存货=1 500×4.408=6 612（元）

本期销货成本=（22 500+17 200+15 400）−6 612=48 488（元）

用移动加权平均法计算存货单价，相关数据如表 6-2 所示。

$$第一次购进后的平均单价=\frac{9\,000+17\,200}{2\,000+4\,000}=4.37（元）$$

$$第二次购进后的平均单价=\frac{4\,370+15\,400}{1\,000+3\,500}=4.39（元）$$

表 6-2 存货明细账

计量单位：件

货币单位：元

2018 年		摘要	购入			发出			结存		
月	日		数量	单价	金额	数量	单价	金额	数量	单价	金额
7	1	期初余额							5 000	4.5	22 500
	4	销售				3 000	4.5	13 500	2 000	4.5	9 000
	8	购入	4 000	4.3	17 200				6 000	4.37	26 200
	12	销售				5 000	4.37	21 830*	1 000	4.37	4 370
	20	购入	3 500	4.4	15 400				4 500	4.39	19 770
	22	销售				2 800	4.39	12 307**	1 700	4.39	7 463
	31	期末盘点							1 500	4.39	6 585

*含尾数调整−20 元。

**含尾数调整 15 元。

期末存货=1 500×4.39=6 568（元）

本期销货成本=13 500+21 830+12 307=47 637（元）

存货盘点短缺=200×4.39=878（元）

2．假定产品售价为每件 5.2 元，

计算定期盘存制下的销售毛利：

销售毛利=11 000×5.2−48 488=8 712（元）

计算永续盘存制的销售毛利：

销售毛利=10 800×5.2−47 637=8 523（元）

比较差异形成的原因：差异 189 元是因为在定期盘存制下，将短缺计入了销货成本（毛利差异 189 元和盘点短缺 878 元的不同是由两种盘存制度的价格差引起的）。

3．编制有关产品入库、销售及盘亏的会计分录。

入库及销售分录（略）。

盘亏的分录。

借：待处理财产损溢　　878

　　贷：库存商品　　878

借：管理费用　　878

　　贷：待处理财产损溢　　878

三、发出存货计价

【解答】

1．个别计价法。

本期领用材料生产成本=1 500×10.5+1 000×10.8+2 000×11.2+1 000×11.5=60 450（元）

本期期末存货成本=500×10.5+800×11.2+500×11.5=19 960（元）

2．先进先出法。

本期领用材料生产成本=1 500×10.5+（500×10.5+1 000×10.8+1 500×11.2）+1 000×11.2
=59 800（元）

本期期末存货成本=300×11.2+1 500×11.5=20 610（元）

3．后进先出法。

本期领用材料生产成本=1 000×11.5+（500×11.5+2 500×11.2）+（300×11.2+1 000×10.8
+200×10.5）=61 510（元）

本期期末存货成本=1 800×10.5=18 900（元）

4．加权平均法。

$$平均成本=\frac{21\,000+10\,800+31\,360+17\,250}{2\,000+1\,000+2\,800+1\,500}=11.02（元）$$

期末存货成本=1 800×11.02=19 836（元）

本期领用材料生产成本=（21 000+10 800+31 360+17 250）−19 836=60 574（元）

四、期末存货计价

【解答】

（1）2017 年年末。

借：资产减值损失——存货跌价损失　　700 000

　　贷：存货跌价准备　　700 000

（2）2018 年年末。

借：资产减值损失——存货跌价损失　　300 000

　　贷：存货跌价准备　　300 000

（3）2019 年年末。

借：存货跌价准备　　1 000 000

　　贷：资产减值损失——存货跌价损失　　1 000 000

五、存货管理

【解答】

1．计算本年度南方制药公司存货周转率。

$$存货周转率（次数）=\frac{6\ 500\ 000}{(2\ 000\ 000+4\ 500\ 000)\div 2}=2（次）$$

2．根据去年和今年同行业存货周转率指标以及公司对前景的预计，南方制药公司存货周转率的下降是存货增加造成的，而存货的突然增加是对销售增长的预期而大幅度增加生产所致，属正常情况。如果存货期末仍维持期初水平，南方公司的存货周转率大约为 3.25 次[6 500 000÷（2 000 000+2 000 000）÷2]，与同行平均水平持平。

第七章 长期资产与投资

本章结构

- 长期资产与投资
  - 长期资产的性质与分类
    - 长期资产概述
    - 长期资产与会计信息处理系统
  - 长期资产取得的会计处理
    - 资本化与费用化
    - 外购长期资产的会计处理
    - 自建和研发取得的长期资产的会计处理
  - 长期资产的后续计量与处置
    - 固定资产折旧
    - 无形资产摊销
    - 折旧或摊销与现金流量
    - 长期资产处置
  - 证券投资
    - 债券投资
    - 股票投资

本章小结

掌握长期资产的性质与分类。长期资产（或非流动资产）的特点是其价值的转移需要经过较长时期，通常的标准是其价值的转移需要超过一年或一个营业周期。主要的长期资产有：固定资产、无形资产、其他债权投资、债权投资、长期股权投资。投资核算主要形成长期资产。投资活动分对内投资和对外投资：对内投资包括固定资产和无形资产等，对外投资则主要包括债券投资和股票投资等。

了解固定资产、无形资产与对外投资的会计处理流程。固定资产通常由两个途径取得：一是购买；二是企业自制。购进的价款（买价）及相关费用（如运输和安装费）和税金一般全部计入固定资产初始成本。而自制的固定资产，首先通过“在建工程”将兴建中的人工费用、材料费用及其他相关费用归集起来，工程完工后，再将“在建工程”转入固定资产成本中。固定资产投入使用后，根据预计的寿命周期，将其全部价值在一定时期内进行折旧。用于产品生产的固定资产，其折旧计入制造费用，然后转入产品成本，最后构成产品价值的一部分；用于非生产性的固定资产，其折旧计入期间费用。固定资产报废和提前变卖时，将扣除累计折旧后的固定资产净值从变卖收入中扣除，从而形成一定的收入（变卖收入大于其净值）或支出（变卖收入小于其净值）。固定资产的相关活动属于企业的投资活动。

无形资产也是通过外购和企业自身研发两个途径取得。(1) 购进的价款（买价）、相关费用（如培训费、律师费）和税金一般全部计入无形资产初始成本。(2) 自身研发的无形资产，首先将研发过程分为研究与开发两个阶段。前一阶段的人工费用、材料费用及其他相关费用直接计入当期费用。后一阶段的相关成本和费用首先归集在“开发成本”中，当形成一项专利或相应的知识产权后（即研发成功），符合资本化条件的，将记入“研发支出”的金额转入无形资产初始成本中；不符合资本化条件的，将记入“研发支出”的金额转入期间费用。无形资产投入使用后，根据对其预计的寿命周期，将其全部价值在一定时期内进行摊销。用于产品生产的无形资产，其摊销额计入制造费用，形成产品价值的一部分，其余的无形资产摊销额计入期间费用。如果无形资产的使用寿命无法预计，就不进行摊销，只是在每年年末进行一次减值测试。无形资产报废和提前变卖时，将扣除累计摊销后的无形资产净值从变卖收入中扣除，从而形成一定的收入或支出。无形资产的相关活动属于企业的投资活动。

证券投资（股票投资和债券投资）分为短期投资和长期投资两种。(1) 短期投资为交易性金融资产，交易性金融资产是准备随时出售的，其买价计入初始成本，市价变动和变卖差价计入当期损益。(2) 长期股票和债券投资（包括其他债权投资、债权投资和长期股权投资）的买价计入初始投资成本。持有期间所有类型的投资回报全部计入当期损益。对外投资影响的是企业投资活动现金的流出，而持有期间收到的现金回报和投资变卖取得的现金收入，影响的是投资活动现金的流入。

认清折旧的实质和影响因素。折旧就是将固定资产成本系统地分配到各个会计期间，所分配的金额根据受益对象和期间分别计入生产成本或期间费用。虽说折旧产生的一个重要原因是固定资产使用后价值不断降低，但实际上折旧的金额与固定资产价值的下降或损耗从严格意义上讲是不匹配的。固定资产折旧从本质上讲，是一种成本分摊的过程，而不是一个计价的过程。影响折旧的因素主要有三个：一是折旧基础；二是折旧年限；三是折旧方法。折旧基础是固定资产应分摊的金额，等于固定资产原始成本减去预计的净残值。折旧年限是一个估计数，这种估计基于固定资产的物理寿命，更重要的是要考虑其经济寿命。当折旧基础和折旧年限确定后，每期折旧额的多少还取决于特定的折旧方法。现行的折旧方法主要有两类：一是产量法；二是加速折旧法。如果假定固定资产是均衡使用的，折旧就根据所使用的年限平均分摊，这样就产生第三种方法，叫直线折旧法。最后要注意的是，折旧并不影响企业的现金流量。

了解债权投资与股权投资的性质与分类。证券投资是将资金让渡给另一方使用，由对方支付一定使用回报而间接取得投资收益的一种投资方式。证券投资分为债券投资和股票投资两大类。债券与股票的最大区别体现在收益的风险上。债券到期可收回本金，并且每期的收益是固定的；而股票的收益是随被投资企业盈利情况而定的，并且投资成本只可在市场转让，不能从被投资企业收回。债权投资再细分为交易性金融资产（流动资产）、可供出售金融资产和持有至到期投资；股权投资则分为交易性金融资产（流动资产）、可供出售金融资产和长期股权投资。

掌握债权投资的会计处理。债权投资分为交易性金融资产、可供出售金融资产和持有至到期投资。债权投资是指企业打算通过获得合同现金流来管理此类债权。对这类债权投资的计量按摊余成本法进行：购进时，买价计入成本，收到的利息计入当期损益，期末公允价值的变动不反映。由于债权投资是通过收取合同现金流的，准备长期持有并能收回本金的，公允价值的变动对它不会产生太大的影响。

其他债权是指企业既通过收取合同现金流，同时又通过出售该类资产获得现金流来管理此类债权。它的核算处理规则为：购进时，买价计入成本，收到的利息计入当期损益，期末公允价值的变动计入所有者权益（“其他综合收益”科目）。由于打算通过出售来获得现金流，因此公允价值的变动对此类债权会产生影响，但其影响并不直接计入利润表，而是反映在资产负债表中的净资产中，这种处理是一种折中的做法。

不能分类为上述两类的债权投资全部归类为交易性金融资产，对这类债券投资的计量按公允价值法进行：购进时，买价计入成本，收到的利息计入当期损益，期末公允价值的变动也计入当期损益。将公允价值的变动计入当期损益，是为了更好地揭示其风险变动信息。

掌握长期股权投资的成本法与权益法。企业持股比例在 20%以上的股票投资，使用权益法进行核算；持股小于 20%的，按公允价值法进行核算；持股比例超过 50%的，投资企业按成本法核算。成本法是购买时按买价入账；期末不对股票投资的账面价值进行调整，收到股利时确认投资收益；出售时，将售价与股票投资账面价值之间的差额确认为投资损益。权益法同成本法相比，初始投资成本的确认是相同的。不同的是，成本法下，投资者只有收到或确定收到股利时才确认投资收益；而权益法下，投资者按比例享有（或承担）被投资者的盈利（或亏损），根据被投资者的盈亏，一方面调整长期股权投资的账面价值，另一方面确认投资损益，股利的分配则冲减长期股权投资成本。出售时，将售价与股票投资账面价值之间的差额，确认为投资损益。

本章概念（关键词）

长期资产	固定资产	无形资产
债券投资	股票投资	资本化
费用化	研究与开发	折旧
折旧基础	折旧年限	折旧方法
直线折旧法	产量法（工作量法）	加速折旧法
摊销	交易性金融资产	交易性权益工具
其他债权投资	其他综合收益	权益法
非交易性权益工具	其他权益工具投资	债权投资
摊余成本法	公允价值法	成本法

本章相关的法规、制度及主要阅读文献

1.《企业会计准则——基本准则》(2006，2014)
2.《企业会计准则——应用指南》(2006)
3.《企业会计准则讲解》(2010)
4.《企业会计准则第22号——金融工具确认和计量》(2017)

练习题及解答

一、多选题

1. 下列属于固定资产的项目有（　　）。
(1) 土地　(2) 土地使用权
(3) 周转材料　(4) 设备
2. 下列属于无形资产的项目有（　　）。
(1) 土地　(2) 土地使用权
(3) 专利权　(4) 非专利技术
3. 购入固定资产的初始成本包括（　　）。
(1) 买价　(2) 关税
(3) 安装费用　(4) 途中损坏
4. 自制固定资产的成本项目包括（　　）。
(1) 人工费用　(2) 材料费用
(3) 管理费用　(4) 制造费用
5. 影响固定资产折旧的因素有（　　）。
(1) 折旧基础　(2) 折旧年限
(3) 折旧方法　(4) 预计清理费用
6. 影响固定资产折旧年限的因素包括（　　）。
(1) 固定资产物理寿命　(2) 固定资产经济寿命
(3) 固定资产生产产品的市场销路发生变化　(4) 折旧方法
7. 影响无形资产摊销年限的因素有（　　）。
(1) 无形资产法定保护年限　(2) 合同约定年限
(3) 经济寿命年限　(4) 摊销方法
8. 对外投资主要基于以下目的（　　）。
(1) 理财　(2) 影响对方经营决策
(3) 控制对方经营决策　(4) 规避对内投资风险
9. 债券投资按照管理其业务模式和其合同现金流量特征分为（　　）。
(1) 交易性金融资产　(2) 债权投资
(3) 短期投资　(4) 长期投资
10. 交易性金融资产与债权投资会计处理的主要区别体现在（　　）。
(1) 持有时间长短不同　(2) 计量标准不同
(3) 交易费用的处理不同　(4) 会计报表中的列示不同

【解答】

1.（1）（4）

2.（2）（3）（4）

3.（1）（2）（3）

4.（1）（2）（4）

5.（1）（2）（3）（4）

6.（1）（2）（3）

7.（1）（2）（3）

8.（1）（2）（3）

9.（1）（2）

10.（1）（2）（3）（4）

二、判断题

1. 自行研发的无形资产中的研究支出之所以费用化，是因为所发生的相关支出的成本不能够可靠计量。（　　）

2. 累计折旧是出于重新购买固定资产的目的而累积的一笔现金。（　　）

3. 折旧是某一特定时期内固定资产价值发生的损失。（　　）

4. 加速折旧是为了少缴纳税金。（　　）

5. 土地之所以不计提折旧是因为无法确定其使用年限。（　　）

6. “固定资产清理”科目的借方发生额表示清理中支付的清理费用、税金和结转的净值；贷方发生额表示清理中收到的变卖收入；贷方余额表示变卖产生的盈余，借方余额表示变卖产生的亏损。（　　）

7. 交易性金融资产按公允价值计价，并将市价与其账面价值的差额计入当期损益，是为了更好地揭示其流动风险。（　　）

8. 权益法之所以按比例享有或承担被投资方的盈亏，是由于持股比例超过20%后，能对被投资方的经营决策产生重大影响。（　　）

9. 土地使用权用于自行开发建造厂房等地上建筑物时，其账面价值与地上建筑物合并计算，计入建筑物成本。（　　）

10. 非交易性权益工具（股票）与其他债权投资的会计处理规则是一致的。（　　）

【解答】

1. ×

研究阶段，由于所开发的无形资产具备极大的不确定性以及成本支出在基础研究阶段计量的不可靠性，所以这一阶段的支出一律费用化。

2. ×

折旧的实质是摊销成本的一种方式，并不影响现金流量。

3. ×

折旧的实质是摊销成本的一种方式，与固定资产的计价无关。

4. ×

任何折旧方法对抵扣应纳税所得额来说是一致的，加速折旧只是折旧早期少交税，而后期多交税。

5. ×

土地与一般固定资产不同，不会因为使用或时间的推移降低其价值，所以土地是不计提折旧的。

6. √

7. √

8. √

9. ×

土地使用权用于自行开发建造厂房等地上建筑物时，其账面价值不与地上建筑物合并计算，仍然作为无形资产进行核算。

10. ×

非交易性权益工具（股票）与其他债权投资的会计处理规则是不一致的。前者要求按公允价值计量变动计入当期损益，后者要求按公允价值计量变动计入其他综合收益。

三、简答题

1. 简述企业为何进行对外投资。
2. 分别阐述固定资产、无形资产、对外投资的业务流程与会计信息处理系统。
3. 区分资本化与费用化，并简要举例说明。
4. 区分折旧、摊销和折耗。
5. 说出三种无形资产的名称，并对这些无形资产进行描述。
6. 主要的固定资产折旧方法有哪些？这些折旧方法与企业的净利润、现金流量的关系如何？
7. 债券投资分为交易性金融资产、其他债权投资和债权投资的标准是什么？阐述每类投资的核算要求。
8. 区分长期股权投资核算的成本法与权益法。

【解答】

（略）

教材练习题解答

一、固定资产的购置

【解答】

固定资产成本=680 000+5 800+4 750=690 550（元）

二、长期资产的兴建与研发

【解答】

1. 编制会计分录。

（1）购入研发专用设备和实验用材料。

借：固定资产	780 000	
应交税费——应交增值税（进项税额）	124 800	
贷：银行存款		904 800

借：原材料　50 000
　　应交税费——应交增值税（进项税额）　8 000
　　贷：银行存款　58 000

（2）购入工程专用物资。

借：工程物资　450 000
　　应交税费——应交增值税（进项税额）　72 000
　　贷：应付账款　522 000

（3）借入工程专项款。

借：银行存款　2 000 000
　　贷：短期借款　2 000 000

借：应付账款　522 000
　　贷：银行存款　522 000

（4）领用研发材料。

借：研发支出——费用化支出　30 000
　　贷：原材料　30 000

（5）领用研发材料。

借：研发支出——资本化支出　20 000
　　贷：原材料　20 000

（6）预交生产线设备订金。

借：预付账款　150 000
　　贷：银行存款　150 000

（7）工程领用材料。

借：在建工程　450 000
　　贷：工程物资　450 000

（8）生产线设备验收。

借：在建工程　1 200 000
　　应交税费——应交增值税（进项税额）　192 000
　　贷：预付账款　150 000
　　　　银行存款　1 242 000

（9）支付生产线设备安装费。

借：在建工程　40 000
　　贷：银行存款　40 000

（10）生产设备调试完毕。

借：在建工程　15 000
　　贷：银行存款　15 000

借：在建工程（2 000 000×5.8%）　116 000
　　贷：应付利息　116 000

借：研发支出——资本化支出　　48 000
　贷：银行存款　　48 000

（11）登记应付工资。

借：在建工程　　420 000
　研发支出——资本化支出（250 000÷2）　　125 000
　研发支出——费用化支出　　125 000
　管理费用　　150 000
　贷：应付职工薪酬　　820 000

（12）分摊辅助费用。

借：生产成本　　290 000
　在建工程　　232 000
　研发支出——资本化支出（580 000×10%÷2）　　29 000
　研发支出——费用化支出　　29 000
　贷：制造费用　　580 000

2．计算并登记固定资产和无形资产的成本。

固定资产的成本=450 000+1 200 000+40 000+15 000+116 000+420 000
+232 000=2 473 000（元）

相关会计分录如下。

借：固定资产　　2 473 000
　贷：在建工程　　2 473 000

用于开发专利技术的专用设备每月折旧额=$\frac{780\ 000}{60}$=13 000（元）

借：研发支出——费用化支出（13 000×5）　　65 000
　研发支出——资本化支出（13 000×6）　　78 000
　贷：累计折旧　　143 000

无形资产的成本=20 000+48 000+125 000+29 000+78 000=300 000（元）

相关会计分录如下。

借：无形资产　　300 000
　贷：研发支出——资本化支出　　300 000

借：管理费用　　249 000
　贷：研发支出——费用化支出（30 000+125 000+29 000+65 000）249 000

三、折旧

【解答】

（1）直线法。

每年折旧额=[800 000×（1−5%）]÷8=95 000（元）

（2）双倍余额递减法（见表 7-1）。

双倍余额折旧率=2×$\frac{1}{8}$×100%=25%

表 7-1　　折旧计算表（双倍余额递减法）　　单位：元

年份	期初账面净值	折旧率	折旧额	累计折旧	期末账面余额
2019	800 000	25%	200 000	200 000	600 000
2020	600 000	25%	150 000	350 000	450 000
2021	450 000	25%	112 500	462 500	337 500
2022	337 500		59 500	522 000	278 000
2023	278 000		59 500	581 500	218 500
2024	218 500		59 500	641 000	159 000
2025	159 000		59 500	700 500	99 500
2026	99 500		59 500	760 000	40 000
合计			760 000		

2022 年起折旧额小于直线法的 95 000 元，所以从 2022 年起按直线法计提折旧。

2022—2026 年每年折旧额=（337 500−800 000×5%）÷5=59 500（元）

（3）工作量法。

$$单位产量折旧额=\frac{800\ 000\times(1-5\%)}{76\ 000}=10（元/件）$$

第一年折旧额=8 000×10=80 000（元）

第二年折旧额=8 500×10=85 000（元）

第三年折旧额=9 000×10=90 000（元）

四、固定资产处置

【解答】

1．按直线法计提折旧。

变卖前已计提折旧=95 000×5.5=522 500（元）

变卖时固定资产净值=800 000−522 500=277 500（元）

相关会计分录如下。

借：固定资产清理　　277 500
　　累计折旧　　522 500
　　贷：固定资产　　800 000

借：银行存款（120 000−8 000）　　112 000
　　贷：固定资产清理　　112 000

借：营业外支出　　165 500
　　贷：固定资产清理　　165 500

2．按双倍余额递减法计提折旧。

变卖前已计提折旧=200 000+150 000+112 500+59 500×2.5=611 250（元）

变卖时固定资产净值=800 000−611 250=188 750（元）

相关会计分录如下。

借：固定资产清理　　188 750
　　累计折旧　　611 250
　　贷：固定资产　　800 000

借：银行存款 112 000

贷：固定资产清理 112 000

借：营业外支出 76 750

贷：固定资产清理 76 750

五、无形资产取得、摊销与处置

【解答】

（1）取得无形资产时。

借：无形资产（285 000+44 650） 329 650

贷：银行存款 329 650

（2）每年摊销时。

借：管理费用 32 965

贷：累计摊销 32 965

（3）转让该项专利时。

借：银行存款 180 000

累计摊销（32 965×5） 164 825

贷：无形资产 329 650

营业外收入 15 175

六、交易性金融资产

【解答】

（1）2018 年 7 月 2 日，购进债券。

借：交易性金融资产 500 000

贷：银行存款 500 000

（2）12 月 31 日，登记应收利息和市价调整。

借：应收利息（500 000×6%÷2） 15 000

贷：投资收益 15 000

借：交易性金融资产（501 000−500 000） 1 000

贷：公允价值变动损益 1 000

（3）2019 年 1 月 1 日，收到利息。

借：银行存款 15 000

贷：投资收益 15 000

（4）2019 年 3 月 31 日，计提三个月应收利息。

借：应收利息（500 000×6%÷2×3÷6） 7 500

贷：投资收益 7 500

（5）4 月 1 日，出售债券。

借：银行存款 509 500

贷：交易性金融资产 501 000

应收利息 7 500

投资收益 1 000

七、其他债权投资

【解答】

（1）2018 年 7 月 2 日，购进债券。

借：其他债权投资　500 000
　　贷：银行存款　500 000

（2）12 月 31 日，计提利息收益和市价调整。

借：应收利息（500 000×6%÷2）　15 000
　　贷：投资收益　15 000
借：其他债权投资　1 000
　　贷：其他综合收益　1 000

（3）2019 年 1 月 1 日，收到利息。

借：银行存款　15 000
　　贷：应收利息　15 000

（4）2019 年 6 月 30 日，计提利息收益。

借：应收利息（500 000×6%÷2）　15 000
　　贷：投资收益　15 000

（5）7 月 1 日，出售债券。

借：银行存款　518 000
　　其他综合收益　1 000
　　贷：其他债权投资　501 000
　　　　应收利息　15 000
　　　　投资收益　3 000

八、债权投资

【解答】

（1）2018 年 7 月 2 日，购进债券。

借：债权投资　500 000
　　贷：银行存款　500 000

（2）12 月 31 日，计提利息收益。

借：应收利息　15 000
　　贷：投资收益　15 000

（3）2019 年 1 月 1 日，收到利息。

借：银行存款　15 000
　　贷：应收利息　15 000

（4）2019 年 12 月 31 日，计提利息收益。

借：应收利息（500 000×6%）　30 000
　　贷：投资收益　30 000

以后每年的会计处理同上。

到期日，收回本金。

借：银行存款　　500 000

　　贷：债权投资　　500 000

九、交易性权益工具

【解答】

（1）2018 年 4 月 1 日，购进股票。

借：交易性金融资产　　1 600 000

　　贷：银行存款　　1 600 000

（2）12 月 31 日，市价调整。

借：交易性金融资产（100 000×4）　　400 000

　　贷：公允价值变动损益　　400 000

（3）2019 年 4 月 1 日，登记投资收益。

借：应收股利（700 000×5%）　　35 000

　　贷：投资收益　　35 000

5 月 1 日，登记收到股利

借：银行存款　　35 000

　　贷：应收股利　　35 000

（4）2019 年 12 月 31 日，市价调整。

借：公允价值变动损益（100 000×5）　　500 000

　　贷：交易性金融资产　　500 000

十、成本法与权益法

【解答】

1．成本法。

（1）2018 年 4 月 1 日，购买股权。

借：长期股权投资　　7 500 000

　　贷：银行存款　　7 500 000

（2）2019 年 4 月 1 日，登记应收股利。

借：应收股利（700 000×20%）　　140 000

　　贷：投资收益　　140 000

（3）2019 年 5 月 1 日，收到股利。

借：银行存款　　140 000

　　贷：应收股利　　140 000

2．权益法。

（1）2018 年 4 月 1 日，购买股权。

借：长期股权投资　　7 500 000

　　贷：银行存款　　7 500 000

（2）2018 年 12 月 31 日，登记应享权益。

借：长期股权投资（1 500 000×20%×9÷12）　　225 000

　　贷：投资收益　　225 000

（3）2019 年 4 月 1 日，登记应收股利。

借：应收股利（700 000×20%） 140 000

贷：长期股权投资 140 000

（4）2019 年 5 月 1 日，记录收到股利。

借：银行存款 140 000

贷：应收股利 140 000

（5）2019 年 12 月 31 日，登记应分担的亏损。

借：投资收益（1 000 000×20%） 200 000

贷：长期股权投资 200 000

第八章 负债

本章结构

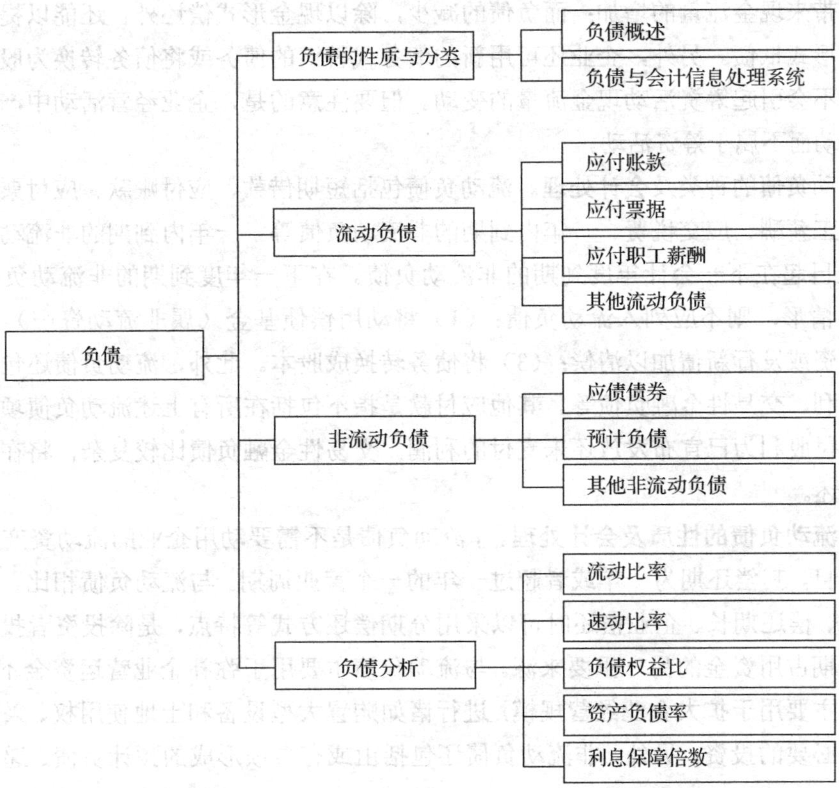

本章小结

了解负债的性质与分类。负债是指企业过去的交易或者事项形成的、预期会导致经济利益流出企业的现时义务。一般而言，会计上的负债与法律意义上的义务存在一定的差别：有些会计上的负债并不表现为法律上强制实施的义务，而有些法律上的义务也不是会计上的负债。按每类债务偿还期限的不同可将企业所有债务分为流动负债和非流动负债。流动负债是指一年内或超过一年的一个经营周期内必须偿还的债务。流动负债包括短期借款、应付账款、应付票据、预收账款、应付职工薪酬（短期薪酬）、应交税费、其他应付款、一年内到期的非流动负债等。非流动负债则是指从资产负债表日（通常为每年的 12 月 31 日）开始计算，其偿还期超过一年的债务。非流动负债包括长期借款、应付债券、长期应付款、应付职工薪酬

（长期职工福利）、预计负债等。

掌握负债的会计处理流程。负债的会计处理主要涉及本金与利息两个方面。本金的增加贷记各负债项目，减少则借记各该项目。负债除到期要偿还本金以外，还要支付资金使用成本——利息。由于不同的负债用途不同，导致利息的会计处理也不一样。一般经营活动形成的流动负债支付的利息直接计入财务费用，而非流动负债专门用于长期资产建设或建造期在一年以上的存货（如房地产开发商兴建的商品房）的利息支出，则分别计入长期资产成本和存货成本。负债属于筹资活动，负债的增加表现为筹资活动现金流量的增加，而负债的减少则表现为筹资活动现金流量的减少。然而，负债的增加和减少有时并不带来现金流量的变动，如购买存货和长期资产不会带来现金流量的增加；而负债的减少，除以现金形式偿还外，还能以提供劳务、非现金资产的形式抵债。另外，企业还可用新的债务代替旧的债务或将债务转换为股本。这几种债务减少都不会引起筹资活动现金流量的变动。但要注意的是，企业经营活动中产生的负债，属于经营活动而不属于筹资活动。

掌握流动负债的种类及会计处理。流动负债包括短期借款、应付账款、应付票据、预收账款、应付职工薪酬、应交税费、一年内到期的非流动负债等。一年内到期的非流动负债是指从资产负债表日起在下一会计年度到期的非流动负债。在下一年度到期的非流动负债，如果出现下面三种情形，则不应列入流动负债：（1）将动用偿债基金（属非流动资产）加以清偿；（2）将再融资或发行新债加以清偿；（3）将债务转换成股本。此外，流动负债还包括其他应付款、应付股利、交易性金融负债等。其他应付款是指不包括在所有上述流动负债项目的短期应付款项；应付股利为已宣布发放还未支付的利润。交易性金融负债比较复杂，将在《高级财务会计》中讲述。

掌握非流动负债的性质及会计处理。非流动负债是不需要动用企业的流动资产在短期内支付的负债项目，其偿还期为一年或者超过一年的一个营业周期。与流动负债相比，非流动负债具有数额大、偿还期长、企业偿还时可以采用分期偿还方式等特点，是除投资者投资以外，为企业提供长期占用资金的另一重要来源。与流动负债主要用于弥补企业营运资金不足相比，非流动负债则主要用于扩大企业经营规模，进行诸如购置大型设备和土地使用权、兴建厂房和商品生产线等必要的投资。另外，非流动负债还包括由或有事项形成的预计负债、递延所得税负债等。

掌握负债分析的主要指标及运用。负债带来一个最大的问题是形成企业的财务风险，即企业如果不能偿还到期债务，就会面临破产清算。因此，分析企业的偿债能力是十分重要的。分析负债的常用指标有流动比率、速动比率、负债权益比、资产负债率和利息保障倍数。

流动比率反映的是会计主体偿还流动负债能力的重要指标。企业的流动资产不仅要满足短期负债的偿还需要，而且要满足企业经营所需的流动资金。因而，流动比率也称为营运资本比率。流动资产是指现金以及预计可以在一年或一个正常经营周期内迅速转为现金的资产项目。如果要立即变现，则流动资产中的存货等项目无法做到这一点。另外，预付费用虽然作为流动资产列示，但日后并不能转换为现金。剔除这些项目后，得到的是立即可变现资产的偿债能力，这一指标就是速动比率。

负债权益比反映的是负债对权益的倍数，这是一个很直观的比例。从理论上讲，这一指标为 1 是最合理的，即每借入 1 元的负债有 1 元的净资产作为抵押。

资产负债率是企业负债总额与资产总额的比率，反映了债权人提供的资金在企业资产总额中所占的比重。

利息保障倍数是企业息税前利润与债务利息的比率，反映了企业获利能力对债务偿付的保证程度。计算利息保障倍数时应当以正常业务经营的息税前利润为基础。一般来说，该比率越高，企业偿付利息的能力越强。

对上述这些指标进行评价，需要将行业、经济环境、经营状况等多方面因素综合起来考虑。

本章概念（关键词）

负债　流动负债　短期借款

应付账款　应付票据　预收账款

应付职工薪酬　短期薪酬　一年内到期的流动负债

长期借款　应付债券　非流动负债

预计负债　专项应付款　长期应付款

流动比率　速动比率　财务风险

资产负债率　利息保障倍数　负债权益比

本章相关的法规、制度及主要阅读文献

1.《企业会计准则——基本准则》(2006，2014)

2.《企业会计准则——应用指南》(2006)

3.《企业会计准则讲解》(2010)

练习题及解答

一、多选题

1．下列属于流动负债的项目有（　　）。

（1）预付账款　（2）递延所得税负债

（3）预收账款　（4）应交税费

2．下列属于非流动负债的项目有（　　）。

（1）预计负债　（2）应付票据

（3）应付债券　（4）一年内到期的非流动负债

3．负债偿还的方式包括（　　）。

（1）支付现金　（2）转让非现金资产

（3）提供劳务　（4）举借新的负债

4．影响债券发行价格的因素有（　　）。

（1）债券面值　（2）债券票面利率

（3）发行时的市场利率　（4）债券的计息次数

5．长期负债利息可以计入的项目为（　　）。

（1）财务费用　　（2）在建工程

（3）制造费用　　（4）投资损益

6．速动资产是指可迅速变现的资产项目，包括（　　）。

（1）库存现金　　（2）有价证券

（3）应收账款　　（4）存货

7．短期薪酬包括的项目有（　　）。

（1）工资　　（2）医疗保险

（3）养老保险　　（4）住房公积金

8．企业发行债券用于固定资产建设时，下列表述正确的有（　　）。

（1）工程在建期间利息计入在建工程成本

（2）工程在建期间利息计入财务费用

（3）工程在建完工后利息计入在建工程成本

（4）工程在建完工后利息计入财务费用

9．我国现行的职工薪酬主要包括（　　）。

（1）短期薪酬　　（2）养老保险

（3）离职后福利　　（4）辞退福利

10．登记期末应付职工薪酬可以成本或费用化的项目包括（　　）。

（1）主营业务成本　　（2）生产成本

（3）管理费用　　（4）在建工程

【解答】

1．（3）（4）

2．（1）（3）

3．（1）（2）（3）（4）

4．（1）（2）（3）（4）

5．（1）（2）（3）

6．（1）（2）（3）

7．（1）（2）（4）

8．（1）（4）

9．（1）（3）（4）

10．（2）（3）（4）

二、判断题

1．负债是企业必须承担的现时义务，会计上的负债就是法律意义上的义务。（　　）

2．偿还期在一年（或一个营业周期）以上的长期债务在资产负债表中的非流动负债项目下列示。（　　）

3．债券溢价或折价发行是为了更好地吸引投资者购买。（　　）

4．负债的偿还将导致筹资活动现金流量的减少。（　　）

5．为提供产品质量保证而发生的修理费用，稳健的做法是在修理费实际发生时确认为销售

费用，因为这时的计量金额是最可靠的。 (　　)

6. 债券的面值就是发行时收到的金额以及偿还时所需支付的金额。 (　　)

7. 预计负债是一项偿付金额需要估计的或有负债。 (　　)

8. 市场利率大于债券票面利率就会发生债券折价。 (　　)

9. 不附息票据是指不需要支付利息的商业票据。 (　　)

10. 产品保修准备与坏账准备期末计提的方法是相同的。 (　　)

【解答】

1. ×

负债是企业必须承担的现时义务，会计上的负债不一定是法律意义上的义务。例如递延所得税负债就只是会计上的义务而不是法律上的义务。

2. ×

偿还期为一年（或一个营业周期）以上的长期债务在资产负债表中一般在非流动负债项目下列示，但在下一个年度到期的偿还期在一年（或一个营业周期）以上的长期债务则在资产负债表中的流动负债项目下列示。

3. ×

债券的溢价或折价只是对债券票面利率与现行市场利率差异的调整，不是为了更好地吸引投资者购买该债券的一个促销手段。

4. ×

用非货币性资产或劳务偿还就不会导致筹资活动现金流量的减少。

5. ×

稳健的做法是在销售的时候就预提修理费计入预计负债。

6. ×

只有不存在溢价、折价的情况下债券的面值才是发行时收到的金额及偿还时所需支付的金额。

7. √

8. √

9. ×

在某些情况下，借款者要在到期日支付较票据签发日所收到现金更多的数额，所以实际上仍是要支付利息的。所谓不附息只是将利息隐含在票据的面值中而已。

10. ×

产品保修准备与坏账准备期末计提的方法是不相同的。坏账准备的计提既要考虑期末应收账款余额，还要考虑坏账准备的金额。而产品保修准备只根据本期发生的销售额计提。

三、简答题

1. 根据观察，汽车业的负债水平比制药业高，请解释这一现象。
2. 简述企业形成负债的主要原因。
3. 简述负债的会计信息处理流程。
4. 比较会计负债与法律义务之间的关系，并举例说明。
5. 简述或有负债会计处理的基本原则。

6．如何对一个企业的财务风险进行合理评价？

【解答】

（略）

教材练习题解答

一、应付账款

【解答】

1．总价法。

（1）记录赊购业务。

借：原材料　　180 000

　　应交税费——应交增值税（进项税额）　　28 800

　　贷：应付账款　　208 800

（2）记录折扣期内付款。

借：应付账款（180 000÷2+28 800）　　11 880

　　贷：银行存款[（90 000+30 600）×98%]　　116 424

　　　　财务费用[（90 000+28 800）×2%]　　2 376

（3）记录折扣期后付款。

借：应付账款　　90 000

　　贷：银行存款　　90 000

2．净价法。

（1）记录赊购业务。

借：原材料（204 624−28 800）　　175 824

　　应交税费——应交增值税（进项税额）　　28 800

　　贷：应付账款[（180 000+2 880）×98%]　　204 624

（2）记录折扣期内付款。

借：应付账款[（90 000+28 800）×98%]　　116 424

　　贷：银行存款　　116 424

（3）记录折扣期后付款。

借：应付账款　　88 200

　　财务费用（90 000×2%）　　1 800

　　贷：银行存款　　90 000

二、应付票据

【解答】

1．会计分录如下。

（1）2018 年 2 月 1 日。

借：银行存款　　776 000

　　应付票据折价　　24 000

　　贷：应付票据　　800 000

（2）每个月月末，摊销应付票据折价。

借：财务费用（24 000÷6） 4 000

　　贷：应付票据折价 4 000

2．6 月 30 日的资产负债表列示如表 8-1 所示。

表 8-1 应付票据折价在资产负债表上的列示 单位：元

流动负债		
应付票据	800 000	
减：应付票据折价	4 000	796 000

8 月 1 日，兑现应付票据。

借：应付票据 800 000

　　贷：银行存款 800 000

三、应付职工薪酬

【解答】

南方公司的相关账务处理如下。

总计提比例=10%+8%+2%+1.5%=21.5%

借：生产成本［5 000 000×（1+21.5%）］ 6 075 000

　　制造费用［1 000 000×（1+21.5%）］ 1 215 000

　　管理费用［1 000 000×（1+21.5%）］ 1 215 000

　　开发支出［1 000 000×（1+21.5%）］ 1 215 000

　　贷：应付职工薪酬——工资 8 000 000

　　　　——医疗保险费（8 000 000×10%） 800 000

　　　　——住房公积金（8 000 000×8%） 640 000

　　　　——工会经费（8 000 000×2%） 160 000

　　　　——职工教育经费（8 000 000×1.5%） 120 000

四、应付债券

【解答】

（1）2018 年 1 月 1 日，发行债券。

借：银行存款（1 950 000−35 000） 1 915 000

　　应付债券——利息调整 85 000

　　贷：应付债券——面值 2 000 000

（2）2018 年和 2019 年 12 月 31 日，支付债券利息和进行利息调整。

借：在建工程 148 333

　　贷：银行存款（2 000 000×6%） 120 000

　　　　应付债券——利息调整（85 000÷3） 28 333

（3）2020 年 12 月 31 日，支付债券利息和进行利息调整。

借：财务费用 148 334

　　贷：银行存款 120 000

　　　　应付债券——利息调整 28 334*

*含尾数调整。

（4）2021 年 1 月 1 日，偿还本金。

借：应付债券——面值　　2 000 000

　　贷：银行存款　　2 000 000

五、预计负债

【解答】

（1）2017 年，登记产品修理费用。

借：预计负债——产品保修准备　　50 000

　　贷：银行存款或原材料等　　50 000

（2）2017 年年末，计提产品保修准备。

借：销售费用　　60 000

　　贷：预计负债——产品保修准备（4 000 000×1.5%）　　60 000

（3）2018 年，登记产品修理费用。

借：预计负债——产品保修准备　　70 000

　　贷：银行存款或原材料等　　70 000

（4）2019 年年末，计提产品保修准备。

借：销售费用　　67 500

　　贷：预计负债——产品保修准备（4 500 000×1.5%）　　67 500

（5）2019 年，登记产品修理费用。

借：预计负债——产品保修准备　　45 000

　　贷：银行存款或原材料等　　45 000

（6）2019 年年末，计提产品保修准备。

借：销售费用　　45 000

　　贷：预计负债——产品保修准备（3 000 000×1.5%）　　45 000

（7）2020 年，登记产品修理费用。

借：预计负债——产品保修准备　　35 000

　　贷：银行存款或原材料等　　35 000

（8）2021 年，登记产品修理费用。

借：预计负债——产品保修准备　　30 000

　　贷：银行存款或原材料等　　30 000

（9）2021 年年末，转销产品保修准备余额。

借：销售费用　　22 500

　　贷：预计负债——产品保修准备　　22 500

−22 500=（35 000+60 000+67 500+45 000）−（50 000+70 000+45 000+35 000 +30 000）

六、专项应付款

【解答】

（1）2018 年 1 月，收到专用款项。

借：银行存款　　50 000 000

　　贷：专项应付款　　50 000 000

（2）工程建设投入。

借：原材料	35 000 000	
应付职工薪酬	10 000 000	
贷：银行存款		45 000 000
借：在建工程	45 000 000	
贷：原材料		35 000 000
应付职工薪酬		10 000 000

（3）工程完工。

借：固定资产	45 000 000	
贷：在建工程		45 000 000
借：专项应付款	45 000 000	
贷：资本公积		45 000 000

（4）转增资本。

借：资本公积	45 000 000	
贷：实收资本——国有资本		45 000 000

（5）退回剩余专项款。

借：专项应付款	5 000 000	
贷：银行存款		5 000 000

七、长期借款

【解答】

（1）2018 年 1 月，借入款项。

借：银行存款	100 000 000	
贷：长期借款——本金		100 000 000

（2）2018 年、2019 年 12 月 31 日，登记应计利息。

借：制造费用	6 500 000	
贷：长期借款——应计利息		6 500 000

（3）2020 年 12 月 31 日，计提当年利息及归还借款。

借：财务费用	6 500 000	
贷：长期借款——应计利息		6 500 000
借：长期借款——本金	100 000 000	
——应计利息	19 500 000	
贷：银行存款		119 500 000

第九章

流转税与所得税

本章结构

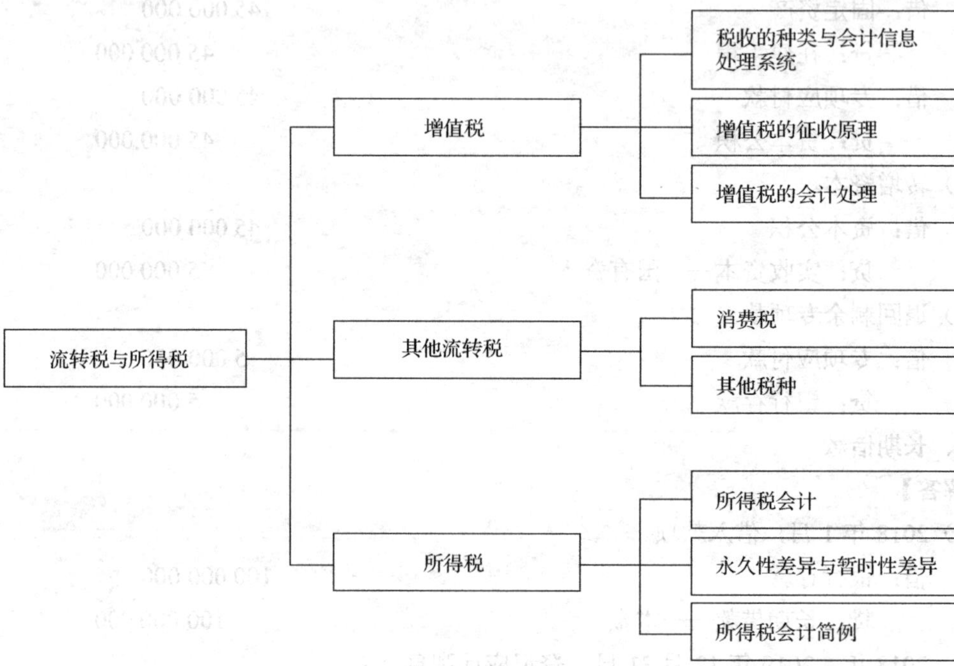

本章小结

理解增值税的征收原理。我国目前征收的增值税有三个特点，一是实行增值额征税，即只对商品或劳务在征税企业增加值征税。价外税是增值税的第二个特点，即商品价款与税款是分开的，价款中不包括增值税税款。增值税的第三个特点为代收代缴，即在销售环节，销货方从购货方手中收取税款，抵扣企业在购货环节缴纳的增值税后向国家缴纳。

掌握增值税的基本会计处理。增值税的会计核算，一般在“应交税费”科目下设置“应交增值税”和“未交增值税”两个明细科目进行核算。“应交增值税”明细科目的借方发生额，反映企业购进货物或接受劳务支付的进项税额、实际已缴纳的增值税和月末转出的当月应交未交的增值税额；贷方发生额，反映销售货物或提供应税劳务收取的销项税额、出口企业收到的出口退税、进项税额转出和转出多交的增值税额。“未交增值税”明细科目的借方发生额，反映企业月末转入的多交的增值税；贷方发生额，反映企业月末转入的当月发生的应交未交增值税；期末借方余额反映多交的增值税，贷方余额反映未交的增值税。

掌握其他流转税的基本会计处理。与增值税相比，其他流转税大多属于价内税，即营业额和商品销售额中包括相应的税款。计税基础为整个营业额或销售额。在确认应交营业税等税收义务时，一方面登记资产负债表项目“应交税费——应交营业税”等，另一方面登记利润表项目“营业税金及附加”“其他业务成本”“营业外支出”和“管理费用”等。

理解所得税会计的实质。所得税是企业在利润（所得额）基础上缴的税款。税法对企业所得的计算与会计对企业所得的计算的不同导致所得税会计的产生。所得税会计的基本内容就是对两者之间的差异进行调整和分摊。会计所计算的所得就是利润表中的利润总额（简称会计所得），会计所得主要是依据权责发生制原则计算的。税法上所计算的应纳税所得额（简称应税所得），基本上是依据收付实现制计算的。所得税会计处理有两种方法：一是应付税款法；二是纳税影响会计法。应付税款法是不对两者之间的差异进行调整或分摊，所得税费用就按实际应纳税额进行登记；纳税影响会计法则要对应交所得税与所得税费用之间的差额进行确认与调整。

掌握永久性差异与暂时性差异的性质。永久性差异是指某一会计期间，由于会计准则和税法在计算收益、费用或损失时的口径不同，所产生的税前会计利润与应纳税所得额之间的差异。这种差异在本期发生，不会在以后各期转回。暂时性差异是指由于税法与会计准则确认收益、费用或损失的时间不同而产生的税前会计利润与应纳税所得额的差异。这一差异发生于某一会计期间，但在以后一期或若干期内能够转回。

掌握简化的所得税会计基本处理流程。资产负债表法一般是在资产负债表日进行相应的所得税会计处理，资产负债表法的简化的核算程序如下：

（1）确定资产、负债的账面价值和资产、负债的计税基础，列出两者之间的差异；

（2）比较期初和期末递延所得税资产与负债，计算递延所得税资产与负债的本期发生额；

（3）计算应交所得税；

（4）计算所得税费用。

简化程序中省略了期末递延所得税资产和负债的计算环节，这一环节是所得税会计处理中的难点。这一环节将在《中级财务会计》中介绍。

本章概念（关键词）

流转税　　增值税　　消费税
销项税额　　转出未交增值税　　所得税
进项税额　　转出多交增值税　　资源税
土地增值税　　房产税　　土地使用税
车船使用税　　城市维护建设税　　教育费附加
所得税会计　　永久性差异　　暂时性差异
资产负债表法

本章相关的法规、制度及主要阅读文献

1.《企业会计准则——基本准则》（2006，2014）

2.《企业会计准则——应用指南》（2006）

3.《中华人民共和国增值税暂行条例》(2017)

4.《增值税会计处理规定》(2016)

练习题及解答

一、多选题

1. 通过“税金及附加”核算的税金是（　　）。

（1）增值税　　（2）消费税

（3）所得税　　（4）土地使用税

2. 下列属于价外征收的税种有（　　）。

（1）增值税　　（2）资源税　　（3）消费税　　（4）所得税

3. 以下属于增加当期应交增值税的项目有（　　）。

（1）进项税额　　（2）已交税金　　（3）减免税额　　（4）销项税额

4. 税收一方面形成企业的负债，另一方面可登记为（　　）。

（1）长期资产　　（2）存货　　（3）所得税　　（4）生产成本

5. 应交增值税月末实行综合结转，从“应交增值税”明细账转入“未交增值税”明细账，转出时，对应的会计科目为（　　）。

（1）已交税金　　（2）未交增值税

（3）转出多交增值税　　（4）转出未交增值税

6. 下列属于永久性差异的项目有（　　）。

（1）国债利息收入　　（2）非公益性捐赠

（3）预计负债登记的费用项目　　（4）按权益法登记的投资收益

7. 简化所得税会计的基本流程包括（　　）。

（1）确定资产、负债的账面价值和资产、负债的计税基础，列出两者之间的差异

（2）比较期初和期末递延所得税资产与负债，计算递延所得税资产与负债的本期发生额

（3）计算应交所得税

（4）计算所得税费用

8. 以流转税作业作为征税基础的项目有（　　）。

（1）资源税　　（2）城市维护建设税

（3）城镇土地使用税　　（4）教育费附加

【解答】

1.（2）（4）

2.（1）（4）

3.（4）

4.（1）（2）（3）（4）

5.（3）（4）

6.（1）（2）

7.（1）（2）（3）（4）

8.（2）（4）

二、判断题

1．某产品销售价款为 100 000 元，增值税为 16 000 元，购买方应支付的金额为 116 000 元。（ ）

2．某产品销售价款为 100 000 元，增值税为 16 000 元，消费税为 10 000 元，购买方应支付的金额为 126 000 元。（ ）

3．企业发生销售业务时，登记“应交税费——应交增值税（销项税额）”的贷方，企业实际缴纳增值税时，则登记该账户的借方。（ ）

4．确认房产税、城镇土地使用税和车船税义务时，借方登记“管理费用”。（ ）

5．征收消费税的产品免征增值税。（ ）

6．城市维护建设税和教育费附加是以企业当期实际应交的增值税和消费税为基础征收的。（ ）

7．如果只存在永久性差异，所得税费用和应交所得税不管在应付税款法下，还是在纳税影响会计法下，都是一致的。（ ）

8．因为增值税是价外税，所以征收增值税并不影响企业的利润。（ ）

【解答】

1．√

2．×

消费税实行价内征收，销售价款中已经包括了消费税，所以购买方应支付的金额为 117 000 元。

3．×

企业实际缴纳增值税时，需综合考虑进项税额等，应登记为“应交税费——应交增值税（已交税金）”和“应交税费——未交增值税”的借方。

4．×

确认房产税、城镇土地使用税和车船税义务时，借方登记“税金及附加”。

5．×

征收消费税的产品仍需缴纳增值税。

6．√

7．√

8．×

增值税是价外税的一种表现形式，增值税最终都由消费者负担，征收增值税会直接影响企业的定价进而影响企业的利润。

三、简答题

1．简述税收的种类及会计信息处理过程。

2．增值税的特点有哪些？指出增值税会计核算的特点。

3．阐述其他流转税如消费税等的征税基础及会计核算科目的运用。

4．区分应付税款法与纳税影响会计法。

5．如何区分永久性差异和暂时性差异。

6．阐述资产负债表法的简化核算程序。简化核算程序与一般核算程序的主要区别是什么。

【解答】

（略）

教材练习题解答

一、流转税

【解答】

1．编制会计分录。

（1）借：原材料	500 000	
应交税费——应交增值税（进项税额）	80 000	
贷：应付账款		580 000
（2）借：应交税费——未交增值税	50 000	
贷：银行存款		50 000
（3）借：工程物资	2 000 000	
应交税费——应交增值税（进项税额）	320 000	
贷：银行存款		2 320 000
（4）借：固定资产	1 000 000	
应交税费——应交增值税（进项税额）	160 000	
贷：应付账款		1 160 000
（5）借：在建工程	1 500 000	
贷：工程物资		1 200 000
原材料		300 000
（6）借：应收账款	2 900 000	
贷：主营业务收入		2 500 000
应交税费——应交增值税（销项税额）		400 000
（7）借：原材料	450 000	
应交税费——应交增值税（进项税额）	50 000	
贷：银行存款		500 000
（8）借：应收账款	1 740 000	
贷：主营业务收入		1 500 000
应交税费——应交增值税（销项税额）		240 000
借：税金及附加	150 000	
贷：应交税费——应交消费税		150 000
（9）借：原材料	800 000	
贷：工程物资		800 000
（10）借：银行存款	742 000	
贷：其他业务收入		700 000
应交税费——应交增值税（销项税额）		42 000
（11）转出未交增值税		
借：应交税费——应交增值税（转出未交增值税）	72 000	
贷：应交税费——未交增值税		72 000

2．本期城市维护建设税和教育费附加征税基础=150 000+72 000=222 000（元）

本期应交城市维护建设税=222 000×7%=15 540（元）

本期应交教育费附加=222 000×3%=6 660（元）

会计分录如下。

（12）借：税金及附加　22 200

贷：应交税费——应交城市维护建设税　15 540

——应交教育费附加　6 660

3．登记“应交税费——应交增值税”“T”形账。

借方	应交税费——应交增值税		贷方
（1）（进项税额）	80 000	400 000	（6）（销项税额）
（3）（进项税额）	320 000	240 000	（8）（销项税额）
（4）（进项税额）	160 000	42 000	（10）（销项税额）
（7）（免税农产品抵扣）	50 000		
（合计）	610 000	682 000	（合计）
（12）（转出未交增值税）	72 000	72 000	（应交未交增值税）

登记“应交税费”“T”形账。

借方	应交税费		贷方
		50 000	期初余额
（2）	50 000	150 000	（8）（消费税）
		72 000	（11）（未交增值税）
		22 200	（12）（城市维护建设税与教育费附加）
		244 200	期末余额

二、所得税

【解答】

1．2018年度

第一步：确定资产、负债的账面价值和资产、负债的计税基础，列出两者之间的差异。

2018年会计利润与应税所得存在差异之处有三个方面：一是延迟纳税罚金，应税所得不计此支出，而会计要确认；二是折旧的计提，会计上按双倍余额法、而纳税时按按直线法计提；三是交易性金融资产，会计上按市价调整并确认当期损益，税法上不做调整。

第二步：比较期初和期末递延所得税资产与负债，计算递延所得税资产与负债的本期发生额。

2018年年初递延所得税资产与递延所得税负债的余额分别为1 000元和5 000元；2018年年末递延所得税资产与递延所得税负债的余额分别为50 000元和5 000元。

本期递延所得税资产=期末递延所得税资产-期初递延所得税资产

=50 000-1 000

=49 000

本期递延所得税负债=期末递延所得税负债-期初递延所得税负债

=5 000-5 000

=0

第三步：计算应交所得税。

本期应交所得税在会计利润的基础上调整计算出：

会计利润	2 000 000	元
加：罚金	20 000	元
超过直线法的加速折旧额	200 000	元
减：未实现的交易性金融资产收益	（20 000）	元
应税所得	2 200 000	元

本期应交所得税=2 200 000×25%=550 000（元）

第四步：计算所得税费用。

所得税费用=应交所得税+递延所得税负债（减：减少）-递延所得税资产（加：减少）

=550 000-49 000=501 000（元）

本期所得税会计处理如下。

借：所得税　　501 000

　　递延所得税资产　　49 000

　　贷：应交税费——应交所得税　　550 000

2．2019 年度

第一步：确定资产、负债的账面价值和资产、负债的计税基础，列出两者之间的差异。

2019 年会计利润与应税所得存在差异之处有两个方面：一是折旧的计提，会计上按双倍余额法、而纳税时按直线法计提；二是交易性金融资产的销售收入确认，会计上按当年销售价格与上年末市价的差额确认当期损益，税法上按年销售价格与最初购买成本的差额确认当期损益（已实现差异确认的原则就是转回上期已经确认的未实现金额，方向相反）。

第二步：比较期初和期末递延所得税资产与负债，计算递延所得税资产与负债的本期发生额。

2019 年年初递延所得税资产与递延所得税负债的余额分别为 50 000 元和 5 000 元；2019 年年末递延所得税资产与递延所得税负债的余额分别为 60 000 元和 0 元。

本期递延所得税资产=期末递延所得税资产-期初递延所得税资产

=60 000-50 000

=-10 000

本期递延所得税负债=期末递延所得税负债-期初递延所得税负债

=0-5 000

=-5 000

第三步：计算应交所得税。

本期应交税费在会计利润的基础上调整计算出：

会计利润	2 000 000	元
加：超过直线法的加速折旧额	40 000	元
已实现的交易性金融资产收益	20 000	元
应税所得	2 060 000	元

本期应交所得税=2 060 000×25%

=515 000（元）

第四步：计算所得税费用。

所得税费用=应交所得税+递延所得税负债（减：减少）−递延所得税资产（加：减少）

=515 000−5 000−10 000

=500 000（元）

会计分录如下。

借：所得税	500 000	
递延所得税资产	10 000	
递延所得税负债	5 000	
贷：应交税费——应交所得税		515 000

第十章 所有者权益

本章结构

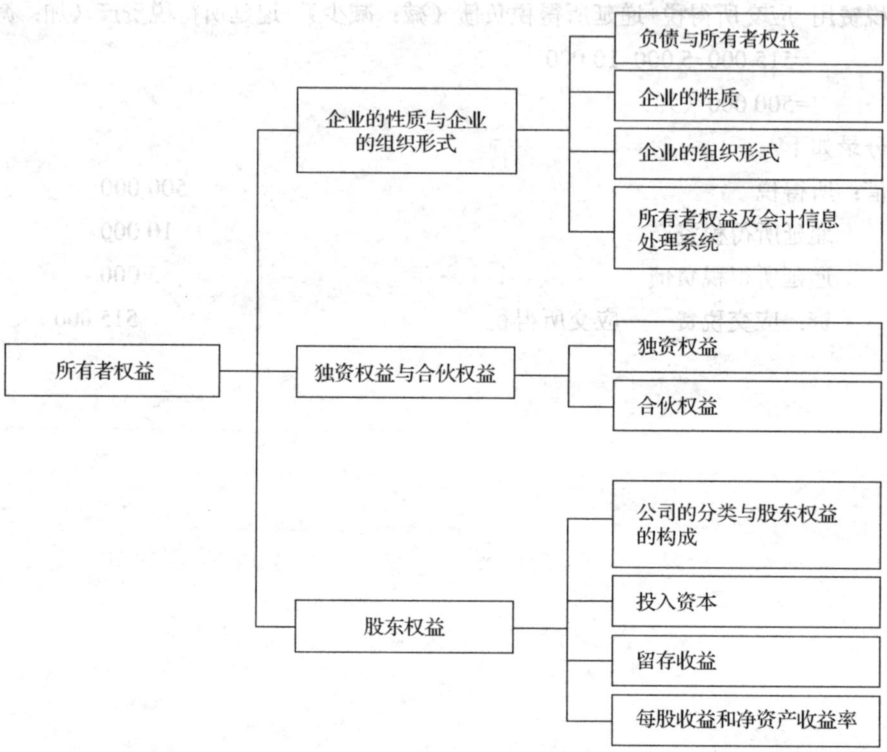

本章小结

理解企业的性质。企业的资产实际上是归属于债权人和投资者的。但债权人和投资者承担的责任和收益分享不同：债权人的本金是需要按期偿还的，回报是固定的并且需要在企业的盈利中首先支付；而投资者的投资没有退还的要求，投资回报是在企业剩余收益中支付的。由此可以看出，当企业的盈利不确定时（企业的盈利通常是不确定的），投资者承担了大部分的风险，所以，一般而言，企业是投资者的。从企业理论的角度分析，谁享有剩余分享权，谁就拥有剩余控制权，一个拥有企业剩余分享和剩余控制权的人，就是企业的所有者。当投资者享有剩余分享权时，投资者就成为企业的所有者，同时，投资者也就变成企业的控制人。需要说明的是，投资者不绝对是企业的所有者，当企业不能支付到期的债务面临破产时，企业的控制权就从投资者转移到债权人的手中。但当假设企业处于持续经营的状态时，企业就是投资者的。

了解企业的组织形式及特点。现代企业的主要组织形式有三种：独资企业、合伙企业和法人企业。独资企业指只有一个所有者的企业。业主对企业进行单独投资经营，对企业的盈亏负完全责任。同时，业主拥有企业的全部资产，对企业的债务负连带责任。独资企业可以通过银行或其他个人取得借款，但不能对外发行债券或股票。企业利润不需要缴纳企业所得税，企业利润与个人其他所得一起缴纳个人所得税。合伙企业是指合伙企业的合伙人数最少在两人以上。合伙人对企业进行共同的投资与经营，对于企业的盈亏按照各合伙人的投资比例或合伙契约中规定的比例进行分配。当企业资不抵债时，各合伙人对企业的债务同样负有连带无限责任。合伙企业不需要缴纳企业所得税。法人企业是指具有永久存续权的法人实体。公司制企业是法人企业的主要形式。公司制的业主称为股东。公司制企业又分为股份有限公司和有限责任公司。股份有限公司的资本被划分成若干等份，每一份为一股。股东对企业的投资形式是购买公司的股票。每股股票金额相等，持有等份股票的股东在公司内享有同等的权益，即同股同权。公司的利润分配以股为单位，持有等份股票的股东在公司内享有同等的收益，即同股同利。股东对公司的债务责任以其投资的股份为限。与独资企业和合伙企业相比，股份制企业除具有承担有限责任、永续存在的特点外，还可以对外发行股票和债券，筹集大量资金，便于迅速扩大规模，把握市场机会。但同时，公司要缴纳企业所得税，而股东个人还要按个人所得缴纳个人所得税。

掌握独资权益的会计核算。独资企业财务报表的编制和信息的披露无严格的规定和限制。另外，独资企业经济活动与业主家庭事务之间的分割也没有严格要求。从理论上讲，独资企业的收入与费用等同于业主个人的收入与费用，净利润直接表现为业主资本的增加，亏损则体现为业主净资产的减少。在所有者权益的核算中，使用“资本”一个科目就可以完成所有核算工作。但是为了使企业经营成果的影响能独立反映出来，使企业经营与家庭事务有所分离，独资企业在会计的核算中，需要在“资本”账户下设置“业主投资”“业主提款”“利润（亏损）结转”三个明细账户。

掌握合伙权益的会计核算。与独资企业相比，合伙企业与家庭事务要有明确的分界，“资本”账户要按合伙人分别设置，同时增加了损益分配的账务处理。合伙企业的财务报告主要是满足三类人的需要：合伙人、合伙债权人和税务部门。合伙人一般可随时查询企业的账簿和报表；合伙企业向银行或其他金融部门申请贷款时，需要提供相关财务报表；税务部门在检查每一个合伙人的个人所得时，也需要查阅合伙企业的财务资料。通常，合伙企业权益账户除了按合伙人设置资本账户外，在每一个合伙人名下再设置三个明细账：合伙人投资、合伙人提款和利润（或亏损）结转。

了解公司的分类和股东权益的构成。按大陆法系的分类方法，公司可分为四种类型：无限公司、两合公司、有限责任公司和股份有限公司。前两种公司在现代社会不太普遍。有限责任公司，简称有限公司，是指不通过发行股票，而由为数不多的股东集资组成的公司。这类公司一般股东人数较少，资本无须划分为等额的股份，不对外发行股票，且股份的转让有一定限制并需征得其他股东的同意，两权分离程度较低；其成立、歇业、解散的程序比较简单；其账目无须公开披露。股份有限公司，简称股份公司，是按照公司法的规定注册设立，将全部资本划分为等额股份，通过发行股票筹措资本的企业组织形式。如果公司股票全部为内部股东持有，则为非上市公司；如果公司股票公开向社会发行，股票可以自由流通转让，则为公开公司或上市公司。股份制企业的所有者权益被分成两大部分：投入资本和留存收益。投入资本又被分为股本（非股份有限公司则称为实收资本）和资本公积；留存收益又分为盈余公积和未分配利润。因而股份有限公司的股东权益就由股本、资本公积、盈余公积和未分配利润四个部分组成。

掌握股东权益的会计核算：（略）

理解每股收益与净资产收益率的含义和作用： 每股收益（EPS）集中地反映了一个公司的经营业绩和价值，它是指当期的盈利除以当期流通在外的普通股的加权平均股数，即每股普通股所赚取的盈利，是用于评价一个公司盈利能力的基本指标之一，也是公司财务报告中必须披露的几个核心指标之一。另一个综合反映公司业绩的指标是净资产收益率（ROE），其计算公式为净利润除以平均股东权益。每股收益的要点是面向普通股股东的，反映的是每一个股份基本单位的回报，而净资产收益率反映的是所有净资产的回报，体现的是净资产的使用效率。

本章概念（关键词）

负债	所有者权益	固定回报
剩余分享	剩余控制权	企业所有权
独资企业	合伙企业	法人企业
股份有限公司	有限责任公司	独资权益
合伙权益	合伙协议	入伙
退伙	合伙损益分配	股东权益
投入资本	股本	资本公积
留存收益	其他综合收益	盈余公积
每股收益	净资产收益率	利润分配

本章相关的法规、制度及主要阅读文献

1.《企业会计准则——基本准则》（2006，2014）

2.《企业会计准则——应用指南》（2006）

3.《企业会计准则讲解》（2010）

练习题及解答

一、多选题

1. 负债和所有者权益的区别主要体现在以下几个方面（　　）。

（1）负债有明确的偿还期限　　（2）负债有固定的回报

（3）负债有优先偿还权　　（4）负债无偿还风险

2. 合伙企业可分为以下几种合伙形式（　　）。

（1）普通合伙　　（2）法人合伙

（3）有限责任合伙　　（4）有限合伙

3. 股东权益的构成有（　　）。

（1）实收资本　　（2）公益金

（3）未分配利润　　（4）资本公积

4. 股份有限公司的特征有（　　）。

（1）全部资本划分为等额股份　　（2）以发行股票的方式筹集资金

（3）股东出资可以转让　　（4）股东承担有限责任

5. 资本公积的形成是由于（　　）。

（1）发行股票的价格超过面值

（2）企业实现的利润提存

（3）不通过利润表而直接计入所有者权益的利得与损失

（4）指定专门用途的款项

6. 普通股与优先股的区别主要体现在（　　）。

（1）表决权不同　　（2）股利大小不同

（3）价格不同　　（4）发行方式不同

7. 独资权益可通过在资本下设置以下明细进行（　　）。

（1）业主投资　　（2）业主提款　　（3）业主借款　　（4）利润结转

8. 合伙损益的分配标准有（　　）。

（1）合伙人投入资本　　（2）合伙人投入劳动

（3）入伙时间的早晚　　（4）合伙人贡献

9. 我国《公司法》规定，公司盈利后，首先按（　　）计提盈余公积。

（1）50%　　（2）20%　　（3）10%　　（4）30%

10. 现金股利的发放一般经历下列哪些时点（　　）。

（1）股利宣布日　　（2）除息日

（3）股权登记日　　（4）股利支付日

【解答】

1.（1）（2）（3）

2.（1）（3）（4）

3.（1）（3）（4）

4.（1）（2）（3）（4）

5.（1）

6.（1）（2）（3）

7.（1）（2）（4）

8.（1）（2）（4）

9.（3）

10.（1）（2）（3）（4）

二、判断题

1. 投资者承担企业的剩余风险，所以拥有企业的所有权，因此，任何时候企业都是投资者的。（　）

2．我国目前不存在有限责任合伙这种形式的合伙企业。（　　）

3．提取盈余公积是将利润留存用作专门用途，但不能再以股利形式分配给股东。（　　）

4．新的合伙人入伙，按账面资本额的比例以及入伙后所拥有的利润分配权来确定入伙所需要缴纳的资本额。（　　）

5．股票面值无太大的实际意义，因此，可不设股票面值。（　　）

6．合伙企业的合伙人损益分配应根据资本投资比例而定。（　　）

7．复杂资本结构下的公司，既需要计算和披露基本的EPS，也需要计算和披露稀释的EPS。（　　）

8．基本EPS等于税后利润除以当期流通在外的普通股加权平均股数。（　　）

9．其他综合收益最终都将转入留存收益。（　　）

10．会计主体和企业法人的概念是一致的。（　　）

【解答】

1．×

投资者是企业的所有者不是绝对的，当企业不能支付到期的债务面临破产时，企业的控制权就从投资者转移到债权人的手中。

2．×

在三种合伙形式中，我国目前只是不存在有限合伙企业形式的合伙企业。

3．×

提取盈余公积是将利润留存用作专门用途，根据需要，以后可以再以股利形式分配给股东。

4．×

新的合伙人入伙，按账面资本和商誉之和的比例以及入伙后所拥有的利润分配权来确定入伙所需要缴纳的资本额。

5．√

6．×

在没有明文做出规定时，合伙企业的合伙人损益一般认为是按出资比例分配。损益的分配比例有多种：一种是按投资额的比例进行分配；一种是先分配薪金报酬，余额按约定比例进行分配；也可以先分配薪金报酬和投资利息，余额再按约定比例进行分配等。

7．√

8．×

基本EPS等于当期应归属于普通股的净收益除以当期流通在外的普通股加权平均股数。

9．√

10．×

会计主体和企业法人的概念是不一致的。独资企业不是法人，但是会计主体。

三、简答题

1．企业组织形式有哪些？每类企业组织的特点是什么？

2．解释什么是企业所有权，为什么是企业投资者而不是债权人拥有企业所有权？

3．阐述独资企业、合伙企业、法人企业会计核算的主要区别。

4．解释为什么将股东权益分为投入资本和留存收益两部分。

5．简述为什么 EPS 和 ROE 是综合评价企业业绩的最佳指标。

【解答】

（略）

教材练习题解答

一、独资权益

【解答】

1．编制会计分录。

（1）借：固定资产　　96 000
　　　贷：资本——业主投资　　96 000

（2）借：银行存款　　20 000
　　　　资本——业主提款　　20 000
　　　贷：应收账款　　40 000

（3）借：原材料　　232 000
　　　贷：资本——业主投资　　32 000
　　　　　应付账款　　200 000

（4）借：银行存款　　1 030 000
　　　贷：主营业务收入　　1 000 000
　　　　　应交税费——未交增值税　　30 000
　　借：主营业务成本　　650 000
　　　贷：库存商品　　650 000

（5）借：管理费用　　150 000
　　　贷：银行存款　　150 000

（6）借：资本——业主提款　　80 000
　　　贷：银行存款　　80 000

2．计算本年利润并结转至“资本”账户。

本年利润=1 000 000−650 000−150 000=200 000（元）

会计分录如下。

借：本年利润　　200 000
　贷：资本——利润结转　　200 000

3．计算并说明业主权益变动及变动的原因。

借方	资本		贷方
		156 000	期初余额
（2）提款	20 000	96 000	（1）投入
（6）提款	80 000	32 000	（3）投入
		200 000	（4）利润转入
本期发生额	100 000	328 000	本期发生额
		384 000	期末余额

从资本“T”形账可以看出，期末业主资本为 384 000 元，比期初净增 228 000 元，其中经营盈利增加 200 000 元，投入增加 128 000 元，业主提款导致减少 100 000 元。

二、合伙权益——权益变动

【解答】

1．编制会计分录。

（1）成立时。

借：库存现金　300 000

　贷：资本——王明（合伙人投资）　150 000

　　　——李华（合伙人投资）　150 000

（2）张洋入伙时。

王明和李华原有资本总额=600 000−200 000+200 000=600 000（元）

张洋加入后，合伙企业总资本=600 000÷2÷3=900 000（元）

资本总额的 1/3 即张洋的投资=900 000×1÷3=300 000（元）

张洋加入后。

合伙企业账面总资本=200 000+200 000+300 000=700 000（元）

账面总资本的 1/3 即张洋的投资=700 000×1÷3=233 333（元）

多出的 66 667 元（300 000−233 333）作为红利分配给王明和李华，分别增加王明和李华的资本账户。

会计处理如下。

借：库生现金　300 000

　贷：资本——王明（合伙人投资）　33 333.5

　　　——李华（合伙人投资）　33 333.5

　　　——张洋（合伙人投资）　233 333

2．会计分录如下。

借：资本——王明（合伙人投资）　333 333

　　——李华（合伙人投资）　43 333.5

　　——张洋（合伙人投资）　43 333.5

　贷：银行存款　420 000

王明退伙时，合伙资本按投资比例 1∶1∶1 分配，王明应分得的资本额为 500 000 元 [（1 000 000+500 000）×1÷3]，王明的账面资本是 333 333 元（1 000 000×1÷3），多支付的由李华和张洋按 1∶1 的相对损益分配比例借记其“资本”账户。

如果考虑企业的商誉价值，王明应分得 500 000 元。

3．假定王明、李华和张洋的损益分配比例为 3∶3∶4，合伙资本及损益分配情况如表 10-1 所示。

表 10-1　合伙资本及损益分配情况

	资本余额	资本比例	损益分配比例
王明	—	1/3	30%
李华	—	1/3	30%
张洋	—	1/3	40%
资本总额	1 000 000	100%	100%

借：资本——王明（合伙人投资）　　333 333

　　——李华（合伙人投资）　　37 143

　　——张洋（合伙人投资）　　49 524

　贷：银行存款　　420 000

37 143=（420 000-333 333）×30%÷70%

49 524=（420 000-333 333）×40%÷70%

三、合伙权益——损益分配

【解答】

1．计算 2017 年和 2018 年合伙人损益分配表如表 10-2 和表 10-3 所示。

表 10-2　2017 年合伙人损益分配计算表　单位：元

	王明	李华	张洋	小计	合计
可分配净利润					500 000
薪金报酬	50 000	50 000	30 000	130 000	
投资利息（6%）	20 000*	14 000**	14 000	48 000	178 000
余额					322 000
按约定比例（3∶3∶4）	96 600	96 600	128 800		
合计	166 600	160 600	172 800		500 000

*20 000=（233 333+200 000×6÷12）×6%。

**14 000=233 333×6%。

表 10-3　2018 年合伙人损益分配计算表　单位：元

	王明	李华	张洋	小计	合计
可分配净利润					150 000
薪金报酬	50 000	50 000	30 000	130 000	
投资利息（6%）	26 000*	14 000**	14 000	54 000	184 000
余额					（34 000）
按约定比例（3∶3∶4）	（10 200）	（10 200）	（13 600）		
合计	65 800	53 800	30 400		150 000

*26 000=（233 333+200 000）×6%。

**14 000=233 333×6%。

2．编制相应的会计分录。

（1）2017 年会计处理如下。

借：本年利润　　500 000

　贷：资本——王明（利润结转）　　166 600

　　　——李华（利润结转）　　160 600

　　　——张洋（利润结转）　　172 800

（2）2018 年会计处理如下。

借：本年利润　150 000
　　贷：资本——王明（利润结转）　65 800
　　　　——李华（利润结转）　53 800
　　　　——张洋（利润结转）　30 400

3．假定 2018 年三合伙人不提取利润分配额，各合伙人“资本”账户余额计算如下。

王明=233 333+200 000+65 800=499 133（元）

李华=233 333+53 800=287 133（元）

张洋=233 333+30 400=263 733（元）

四、股东权益

【解答】

1．会计分录如下。

（1）2018 年 7 月 1 日发行股票时。

借：银行存款　10 300 000
　　贷：股本　1 000 000
　　　　资本公积——股本溢价　9 300 000

（2）2018 年 12 月 31 日，将净利润转入利润分配。

借：本年利润　10 000 000
　　贷：利润分配——未分配利润　10 000 000

（3）2019 年 3 月 8 日，提取盈余公积。

借：利润分配——提取法定盈余公积　1 000 000
　　　　——提取任意盈余公积　500 000
　　贷：盈余公积——法定盈余公积　1 000 000
　　　　——任意盈余公积　500 000

（4）宣布发放现金股利，结转利润分配，转增资本。

借：利润分配——应付股利　3 400 000
　　贷：应付股利　3 400 000

借：利润分配——未分配利润　4 900 000
　　贷：利润分配——提取法定盈余公积　1 000 000
　　　　——提取任意盈余公积　500 000
　　　　——应付股利　3 400 000

（5）2019 年 4 月 2 日，发放股利。

借：应付股利　3 400 000
　　贷：银行存款　3 400 000

2．利润分配后南方公司的股东权益额和构成如下。

股本=400+100=500（万元）

资本公积=5 000+930=5 930（万元）

盈余公积=1 900+100+50=2 050（万元）

未分配利润=1 200+1 000−100−50−340=1 710（万元）

股东权益总额=500+5 930+2 050+1 710=10 190（万元）

五、业绩评价

【解答】

$$EPS=\frac{1\ 000}{400+100\times1\div2}=2.22\text{（元/股）}$$

$$ROE=\frac{1\ 000}{(8\ 500+10\ 190)\div2}\times100\%=10.7\%$$

第十一章 财务报表

本章结构

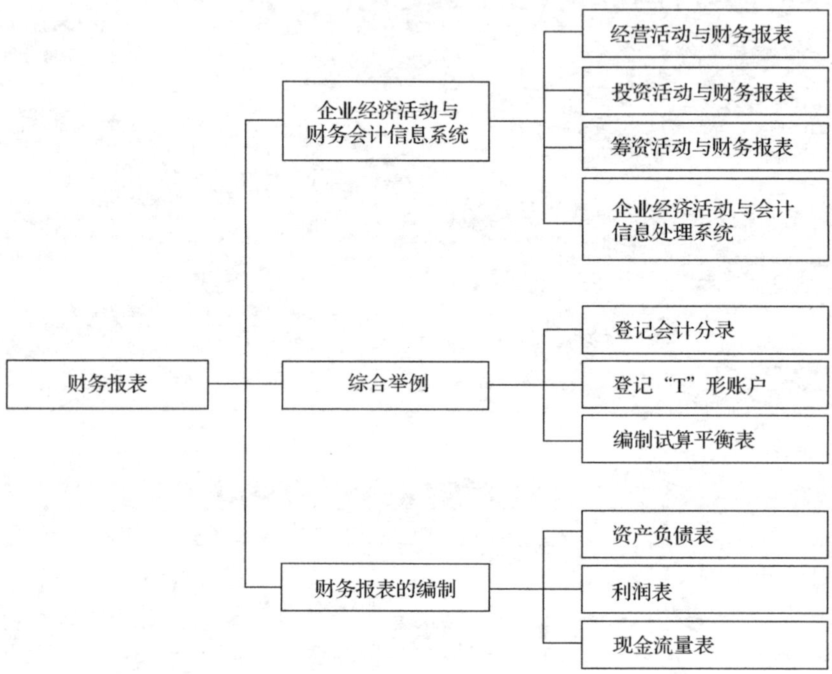

本章小结

认识企业经济活动与会计信息系统之间的联系。财务报表的编制是对企业经济活动的高度提炼、分类和汇总。财务报表是综合反映企业某一特定日期财务状况、某一会计期间的经营成果和现金流量的信息文件。从经济活动到财务报表，经过会计的确认、计量、记录和报告等一系列会计信息处理过程。企业经济活动可以分为经营活动、投资活动和筹资活动三类。原料、产品的购进与生产，产品的销售及税务体现为企业的经营活动。投资活动表现为长期资产的购进与建设，包括无形资产的购买、研究与开发，长期资产的出售，证券买卖等。筹资活动包括借款与还款，股票与债券的发行及偿还，股利的支付等。资产是企业经营与生产活动的起点，资产的另一方面表现为权益，即资产来源于借款和所有者投入。资产、负债和所有者权益组成企业的资产负债表。产品销售为企业带来收入，资产（如存货和长期资产等）的消耗转化为成本（如销售成本）和费用（如财务费用和管理费用）。收入与费用的净额体现为企业实现的利润

（或亏损）。收入、费用和利润形成企业的利润表。从企业的目标而言，企业所追求的利益都综合体现在净利润这一指标上。企业经营活动、投资活动和筹资活动中的现金流入和流出，最终组成企业的现金流量表。

掌握资产负债表的性质与编制。资产负债表是反映企业某一特定日期（通常为 12 月 31 日）财务状况的会计报表，这一天也称资产负债表日。在这张报表中，我们能了解到一个企业的规模（资产总额），由此判断该企业在行业中所处的位置和实力。另外，通过资产结构的分析，我们可以了解该企业资产分布是否合理以及资产的质量。而从资产负债表的权益方，我们大体可以掌握企业的财务风险，通过资产负债率等指标则能更明确掌握企业的偿债能力等。资产负债表基本上是以实账户的期末余额为基础来编制的，大部分会计报表项目与实账户（一级会计科目）的期末余额对应。两者存在差异的有货币资金、存货、应收账款、未分配利润等项目。

掌握利润表的性质与编制。利润表是反映企业一定期间经营成果的会计报表。如果说资产负债表反映的是一个企业的经济实力，利润表则反映出一个企业的经营能力。实力与能力的区别体现在：前者反映的是一种可能性，后者反映的是一种现实结果。因此，要全面了解一个企业，必须结合资产负债表与利润表。利润表是以虚账户的本期发生额为基础来编制的，通常分单步式和多步式两种。

掌握现金流量表的性质与编制。现金流量表是反映企业在一定时期的现金及现金等价物流入流出的会计报表。通过这一报表，我们可以了解企业核心资产——现金的来源、使用情况，从而掌握企业经营的基本过程。我国现行的现金流量表，分主表和补充资料两个主要部分。主表是直接列示三类活动各主要项目的现金流入与流出额，补充资料部分则是将利润表的净利润调节为经营活动的现金净流量。主表的列示方法又称为直接法，补充资料的列示方法又称为间接法。

本章概念（关键词）

财务报告	财务报表	资产负债表
利润表	现金流量表	报表附注
其他报告形式	确认	计量
记录	报告	经营活动
投资活动	筹资活动	单步式
多步式	现金	现金等价物
现金流量	直接法	间接法

本章相关的法规、制度及主要阅读文献

1.《企业会计准则——基本准则》（2006，2014）
2.《企业会计准则——应用指南》（2006）
3.《企业会计准则第 30 号——财务报表列报》（2014）

练习题及解答

一、多选题

1. 下列属于经营活动的项目有（ ）。

（1）收回前期应收账款　（2）销售收到的增值税销项税额

（3）支付所得税　（4）支付借款利息

2. 下列属于投资活动的项目有（ ）。

（1）发行债券收到的现金　（2）购买债券支付的手续费

（3）购买固定资产支付的增值税　（4）销售固定资产取得的净收入

3. 下列属于筹资活动的项目有（ ）。

（1）国债利息收入　（2）在建工程中的利息支出

（3）支付现金股利　（4）归还借款

4. 以下属于现金流量表中的现金项目有（ ）。

（1）银行汇票

（2）从市场购进的3个月将到期的国库券

（3）银行承兑汇票

（4）已持有的3年期将在3个月后到期的国库券

5. 以下可以通过“税金及附加”核算的税收种类为（ ）。

（1）增值税　（2）车船税

（3）消费税　（4）土地使用税

6. 下列哪些报表为时期报表？（ ）。

（1）资产负债表　（2）利润表

（3）现金流量表　（4）所有者权益变动表

7. 资产负债表可提供以下信息（ ）。

（1）偿债能力　（2）资本结构

（3）资产结构　（4）资本回报率

8. 下列哪些是影响净利润但不影响经营活动现金流量的项目？（ ）

（1）折旧　（2）摊销

（3）固定资产变卖损益　（4）计提坏账准备

【解答】

1.（1）（2）（3）

2.（2）（3）（4）

3.（2）（3）（4）

4.（1）（2）

5.（2）（3）（4）

6.（2）（3）（4）

7.（1）（2）（3）

8.（1）（2）（3）（4）

二、判断题

1. 间接法就是将会计净利润调节为本期现金流量净额。（　）

2. 营业利润具有更高的信息含量，是因为其预测价值更高。（　）

3. 偿付应付账款属于筹资活动中的现金流出。（　）

4. 会计的产品就是财务报告，也称财务报表。（　）

5. 编制资产负债表时，各报表项目均可根据会计科目的金额直接或通过计算分析填列。（　）

6. 经营活动、投资活动、筹资活动所产生的现金流量，既可以通过直接法，也可以通过间接法编制。（　）

7. 发行债券所收到的现金属于投资活动产生的现金流量。（　）

8. 期末存货的增加，将增加经营活动现金净流量，原因是存货的增加就是因为现金的增加所导致的。（　）

【解答】

1. ×

间接法就是将会计净利润调节为本期经营活动的现金流量净额。

2. √

3. ×

偿付应付账款属于经营活动中的现金流出。

4. ×

会计的产品就是财务报告，财务报告包括财务报表。

5. √

6. ×

经营活动所产生的现金流量，既可以通过直接法，也可以通过间接法编制。

7. ×

发行债券所收到的现金属于筹资活动产生的现金流量。

8. ×

期末存货的增加，将减少经营活动现金净流量，因为现金与存货都属于资产，呈反向变动。

三、简答题

1. 阐述资产负债表、利润表和现金流量表三张报表之间的关系。

2. 某公司经营出现亏损，但经营活动产生的现金净流量为正。请解释哪些因素会导致这一情况出现。

3. 阐述经济活动与会计报告及会计信息处理系统的关系。

4. 简要说明为何利润表要按多步式编制。

5. 解释以生产为起点通过销售实现企业的利润目标，与从企业目标开始，确定销售，最后开始生产两者之间存在的观念、管理方式和会计核算上的区别。

【解答】

（略）

教材练习题解答

一、财务报表编制

【解答】

1．编制会计分录。

分录	借方	贷方
（1）借：利润分配——提取法定盈余公积	4 141 287.5	
——应付现金股利	8 282 575	
贷：盈余公积——法定盈余公积		4 141 287.5
应付股利		8 282 575
借：利润分配——未分配利润	12 423 862.5	
贷：利润分配——提取法定盈余公积		4 141 287.5
——应付现金股利		8 282 575
借：应付股利	8 282 575	
贷：银行存款		8 282 575
（2）借：原材料	80 000 000	
应交税费——应交增值税（进项税额）	12 800 000	
贷：应付账款		92 800 000
借：周转材料	8 000 000	
应交税费——应交增值税（进项税额）	1 280 000	
贷：银行存款		9 280 000
（3）借：银行存款	114 000 000	
贷：股本		20 000 000
资本公积——股本溢价		94 000 000
（4）借：固定资产	6 000 000	
应交税费——应交增值税（进项税额）	960 000	
贷：应付账款		6 960 000
（5）借：生产成本	109 000 000	
贷：原材料		100 000 000
周转材料		9 000 000
（6）借：银行存款	464 000 000	
贷：主营业务收入		400 000 000
应交税费——应交增值税（销项税额）		64 000 000
借：主营业务成本	280 000 000	
贷：库存商品		280 000 000
（7）借：应收账款	65 000 000	
银行存款	3 900 000	
贷：其他业务收入		65 000 000
应交税费——应交增值税（销项税额）		3 900 000

（8）借：银行存款　　4 800 000
　　贷：交易性金融资产　　4 500 000
　　　　投资收益　　500 000

（9）借：生产成本　　12 000 000
　　制造费用　　3 000 000
　　管理费用　　5 000 000
　　贷：银行存款　　20 000 000

（10）借：生产成本[80 000 000×（1+33%）]　　106 400 000
　　制造费用[20 000 000×（1+33%）]　　26 600 000
　　管理费用[25 000 000×（1+33%）]　　33 250 000
　　销售费用[15 000 000×（1+33%）]　　19 950 000
　　贷：应付职工薪酬——工资　　140 000 000
　　——医疗保险费（140 000 000×8%）11 200 000
　　——养老保险费（140 000 000×12%）16 800 000
　　——住房公积金（140 000 000×10%）14 000 000
　　——工会经费（140 000 000×2%）　　2 800 000
　　——职工教育经费（140 000 000×1%）1 400 000

（11）借：银行存款　　50 000 000
　　贷：应收账款　　50 000 000
　借：应付账款　　50 000 000
　　贷：银行存款　　50 000 000
　借：长期借款　　180 000 000
　　贷：银行存款　　180 000 000

（12）借：财务费用　　22 800 000
　　贷：银行存款　　22 800 000

（13）借：应付职工薪酬　　130 000 000
　　贷：银行存款　　130 000 000

（14）借：应付利息　　600 000
　　财务费用　　600 000
　　贷：银行存款　　1 200 000
　借：财务费用　　600 000
　　贷：应付利息　　600 000
　借：债权投资　　500 000
　　贷：投资收益　　500 000

（15）借：生产成本　　50 000 000
　　制造费用　　7 000 000
　　管理费用　　8 000 000
　　贷：累计折旧　　65 000 000

（16）借：应收账款 20 000
　　贷：坏账准备 20 000
借：银行存款 20 000
　　贷：应收账款 20 000
应收账款余额=89 900 000+65 000 000−50 000 000+20 000−20 000=104 900 000（元）
应提坏账准备=104 900 000×5‰=524 500（元）
坏账准备余额=449 500+20 000=469 500（元）
应补提坏账准备=524 500−469 500=55 000（元）
借：资产减值损失 55 000
　　贷：坏账准备 55 000
（17）借：生产成本 36 600 000
　　贷：制造费用 36 600 000
生产成本=39 370 000+109 000 000+12 000 000+106 400 000+50 000 000+36 600 000
=353 370 000（元）
完工产品=353 370 000×80%=282 696 000（元）
借：库存商品 282 696 000
　　贷：生产成本 282 696 000
（18）借：所得税 22 427 125
　　贷：应交税费——应交所得税 19 828 500
　　　　递延所得税资产 111 250
　　　　递延所得税负债 2 487 375
应交税费=[90 259 000−500 000（国债利息）−10 000 000（折旧）
−500 000（交易性金融资产）+55 000（坏账准备）]×25%=19 828 500（元）
递延所得税资产=13 750−125 000=−111 250（元）
递延所得税负债=7 500 000−5 012 625=2 487 375（元）
借：应交税费——应交增值税（转出未交增值税） 67 900 000
　　贷：应交税费——未交增值税 67 900 000
52 860 000=64 000 000+3 900 000−（12 800 000+1 280 000+960 000）
借：税金及附加 5 286 000
　　贷：应交税费——应交城市维护建设税 3 700 200
　　　　　　　　——应交教育费附加 1 585 800
3 700 200=52 860 000×7%
1 585 800=52 860 000×3%
借：应交税费——未交增值税 52 860 000
　　　　　　——应交城市维护建设税 3 700 200
　　　　　　——应交教育费附加 1 585 800
　　　　　　——应交所得税 19 828 500
　　贷：银行存款 77 974 500

（19）借：主营业务收入　　400 000 000
　　其他业务收入　　65 000 000
　　投资收益　　800 000
　　贷：本年利润　　465 800 000
借：本年利润　　375 541 000
　　贷：主营业务成本　　280 000 000
　　　　税金及附加　　5 286 000
　　　　销售费用　　19 950 000
　　　　管理费用　　46 250 000
　　　　财务费用　　24 000 000
　　　　资产减值损失　　55 000
借：本年利润　　22 427 125
　　贷：所得税费用　　223 427 125
借：本年利润　　67 831 875
　　贷：利润分配——未分配利润　　67 831 875

2．登记“T”形账。

借方	库存现金		贷方
期初余额	55 000		
期末余额	55 000		

借方	银行存款		贷方
期初余额	20 618 400		
（3）	114 000 000	8 282 575	（1）
（6）	464 000 000	9 280 000	（2）
（7）	3 900 000	20 000 000	（9）
（8）	4 800 000	50 000 000	（11）
（11）	50 000 000	180 000 000	（11）
（16）	20 000	22 800 000	（12）
		130 000 000	（13）
		1 200 000	（14）
		77 974 500	（18）
本期发生额	636 720 000	499 537 075	本期发生额
期末余额	157 801 325		

借方	其他货币资金		贷方
期初余额	360 000		
期末余额	360 000		

借方	交易性金融资产		贷方
期初余额	4 500 000		
		4 500 000	（8）
		4 500 000	本期发生额
期末余额	0		

借方	应收账款		贷方
期初余额	89 900 000		
（7）	65 000 000	50 000 000	（11）
（16）	20 000	20 000	（16）
本期发生额	65 020 000	50 020 000	本期发生额
期末余额	104 900 000		

借方	其他应收款		贷方
期初余额	580 000		
期末余额	580 000		

原材料

借方			贷方
期初余额	54 000 000		
（2）	80 000 000	100 000 000	（5）
本期发生额	80 000 000	100 000 000	本期发生额
期末余额	34 000 000		

库存商品

借方			贷方
期初余额	262 330 000		
（17）	282 696 000	280 000 000	（6）
本期发生额	282 696 000	280 000 000	本期发生额
期末余额	265 026 000		

生产成本

借方			贷方
期初余额	39 370 000		
（5）	109 000 000	282 696 000	（17）
（9）	12 000 000		
（10）	106 400 000		
（15）	50 000 000		
（17）	36 600 000		
本期发生额	314 000 000	282 696 000	本期发生额
期末余额	70 674 000		

周转材料

借方			贷方
期初余额	4 000 000		
（2）	8 000 000	9 000 000	（5）
本期发生额	8 000 000	9 000 000	本期发生额
期末余额	3 000 000		

债权投资

借方			贷方
期初余额	10 125 000		
（14）	500 000		
本期发生额	500 000		
期末余额	10 625 000		

固定资产

借方			贷方
期初余额	1 136 200 000		
（4）	6 000 000		
本期发生额	6 000 000		
期末余额	1 142 200 000		

递延所得税资产

借方			贷方
期初余额	125 000		
		111 250	（18）
		111 250	本期发生额
期末余额	13 750		

坏账准备

借方			贷方
		449 500	期初余额
		20 000	（16）
		55 000	（16）
		75 000	本期发生额
		524 500	期末余额

累计折旧

借方			贷方
		242 000 000	期初余额
		65 000 000	（15）
		65 000 000	本期发生额
		307 000 000	期末余额

短期借款

借方			贷方
		150 000 000	期初余额
		150 000 000	期末余额

应付账款

借方			贷方
		138 000 000	期初余额
（11）	50 000 000	92 800 000	（2）
		6 960 000	（4）
本期发生额	50 000 000	99 760 000	本期发生额
		187 760 000	期末余额

应交税费——应交增值税

借方			贷方
		0	期初余额
（2）	12 800 000	64 000 000	（6）
（2）	1 280 000	3 900 000	（7）
（4）	960 000		
（18）	52 860 000		
本期发生额	67 900 000	67 900 000	本期发生额
		0	期末余额

其他应付款

借方			贷方
		860 000	期初余额
		860 000	期末余额

递延所得税负债

借方			贷方
		5 012 625	期初余额
		2 487 375	（18）
		2 487 375	本期发生额
		7 500 000	期末余额

应付债券

借方			贷方
		20 000 000	期初余额
		0	本期发生额
		20 000 000	期末余额

股本

借方			贷方
		100 000 000	期初余额
		20 000 000	（3）
		20 000 000	本期发生额
		120 000 000	期末余额

应付职工薪酬

借方			贷方
		74 500 000	期初余额
（13）	130 000 000	186 200 000	（10）
本期发生额	130 000 000	186 200 000	本期发生额
		130 700 000	期末余额

应交税费

借方			贷方
		0	期初余额
（2）	12 800 000	68 000 000	（6）
（2）	1 280 000	3 900 000	（7）
（4）	960 000	52 860 000	（18）
（18）	52 860 000	3 700 200	（18）
（18）	52 860 000	1 585 800	（18）
（18）	700 200	19 828 500	（18）
（18）	1 585 800		
（18）	19 828 500		
本期发生额	145 874 500	145 874 500	本期发生额
		0	期末余额

长期借款

借方			贷方
		250 000 000	期初余额
（11）	180 000 000		
本期发生额	180 000 000		
		70 000 000	期末余额

应付利息

借方			贷方
		600 000	期初余额
（14）	600 000	600 000	（14）
本期发生额	600 000	600 000	本期发生额
		600 000	期末余额

资本公积

借方			贷方
		250 000 000	期初余额
		94 000 000	（3）
		94 000 000	本期发生额
		344 000 000	期末余额

借方	盈余公积		贷方
		158 500 000	期初余额
		4 141 287.5	（1）
		4 141 287.55	本期发生额
		162 641 287.5	期末余额

借方	利润分配——未分配利润		贷方
		232 241 275	期初余额
（1）	12 423 862.5	67 831 875	（19）
本期发生额	12 423 862.5	67 831 875	本期发生额
		287 649 287.5	期末余额

借方	制造费用		贷方
（9）	3 000 000	36 600 000	（17）
（10）	26 600 000		
（15）	7 000 000		
本期发生额	36 600 000	36 600 000	本期发生额

借方	主营业务收入		贷方
（19）	400 000 000	400 000 000	（6）
本期发生额	400 000 000	400 000 000	本期发生额

借方	主营业务成本		贷方
（6）	280 000 000	280 000 000	（19）
本期发生额	280 000 000	280 000 000	本期发生额

借方	其他业务收入		贷方
（19）	65 000 000	65 000 000	（7）
本期发生额	65 000 000	65 000 000	本期发生额

借方	销售费用		贷方
（10）	19 950 000	19 950 000	（19）
本期发生额	19 950 000	19 950 000	本期发生额

借方	税金及附加		贷方
（18）	5 286 000	5 286 000	（19）
本期发生额	5 286 000	5 286 000	本期发生额

借方	管理费用		贷方
（9）	5 000 000	46 250 000	（19）
（10）	33 250 000		
（15）	8 000 000		
本期发生额	46 250 000	46 250 000	本期发生额

借方	财务费用		贷方
（12）	22 800 000	24 000 000	（19）
（14）	600 000		
（14）	600 000		
本期发生额	24 000 000	24 000 000	本期发生额

借方	资产减值损失		贷方
（16）	55 000	55 000	（19）
本期发生额	55 000	55 000	本期发生额

借方	投资收益		贷方
（19）	800 000	300 000	（8）
		500 000	（14）
本期发生额	800 000	800 000	本期发生额

借方	所得税		贷方
（18）	22 427 125	22 427 125	（19）
本期发生额	22 427 125	22 427 125	本期发生额

借方	本年利润		贷方
（19）	375 541 000	465 800 000	（19）
（19）	22 427 125		
（19）	67 831 875		
本期发生额	465 800 000	465 800 000	本期发生额

3．编制试算平衡表，如表 11-1 所示。

表 11-1　　试算表

编制单位：珠江公司　　2019 年 12 月 31 日　　单位：元

项目	借方金额	贷方金额
库存现金	55 000	
银行存款	157 801 325	
其他货币资金	360 000	
交易性金融资产	0	
应收账款	104 900 000	
减：坏账准备		524 500
其他应收款	580 000	
原材料	34 000 000	
库存商品	265 026 000	
生产成本	70 674 000	
周转材料	3 000 000	
债权投资	10 625 000	
长期股权投资	0	
固定资产	1 142 200 000	
减：累计折旧		307 000 000
工程物资	0	
在建工程	0	
递延所得税资产	13 750	
短期借款		150 000 000
应付账款		187 760 000
应付职工薪酬		130 700 000
应交税费		0
应付利息		600 000
其他应付款		860 000
长期借款		70 000 000
应付债券		20 000 000
递延所得税负债		7 500 000
股本		120 000 000
资本公积		344 000 000
盈余公积		162 641 287.5
未分配利润		287 649 287.5
合计	1 789 235 075	1 789 235 075

4. 编制资产负债表、利润表及现金流量表，如表 11-2 至表 11-4 所示。

表 11-2　　资产负债表

会企 01 表

编制单位：珠江公司　　2019 年 12 月 31 日　　单位：元

资产	年末余额	年初余额	负债及所有者权益	年末余额	年初余额
流动资产：			流动负债：		
货币资金	158 216 325	21 033 400	短期借款	150 000 000	150 000 000
交易性金融资产	0	4 500 000	应付票据	0	0
应收票据		0	应付账款	187 760 000	138 000 000
应收账款	104 900 000	89 900 000	应付职工薪酬	130 700 000	74 500 000
减：坏账准备	（524 500）	（449 500）	应交税费	0	0
其他应收款	580 000	580 000	应付利息	600 000	600 000
存货	372 700 000	359 700 000	其他应付款	860 000	860 000
其他流动资产	0	0	其他流动负债	0	0
		0	一年内到期的非流动负债	0	180 000 000
流动资产合计	635 871 825	475 263 900	流动负债合计	469 920 000	543 960 000
非流动资产：		0	非流动负债：		0
其他债权投资	0	0	长期借款	70 000 000	70 000 000
债权投资	10 625 000	10 125 000	应付债券	20 000 000	20 000 000
长期股权投资	0	0	预计负债	0	0
固定资产	1 144 200 000	113 620 000	递延所得税负债	7 500 000	5 012 625
减：累计折旧	（307 000 000）	（242 000 000）	非流动负债合计	97 500 000	95 012 625
工程物资	0	0	负债合计	567 420 000	638 972 625
在建工程	0	0	所有者权益：		0
无形资产	0	0	实收资本（股本）	120 000 000	100 000 000
长期待摊费用	0	0	资本公积	344 000 000	250 000 000
递延所得税资产	13 750	125 000	盈余公积	162 641 287.5	158 500 000
非流动资产合计	845 838 750	904 450 000	未分配利润	287 649 287.5	232 241 275
		0	所有者权益合计	914 290 575	740 741 275
资产总计	14 817 105 755	1 379 713 900	负债及所有者权益总计	1 481 710 575	1 379 713 900

表 11-3　　利润表

会企 02 表

编制单位：珠江公司　　2019 年度　　单位：元

项目	本期金额
一、营业收入	465 000 000
减：营业成本	280 000 000
税金及附加	5 286 000
销售费用	19 950 000
管理费用	46 250 000
财务费用	24 000 000
资产减值损失	55 000
加：公允价值变动收益	0
投资收益	800 000
其中：对联营企业和合营企业的投资收益	0
加：非流动资产处置收益（减：损失）	0
二、营业利润	90 259 000
加：营业外收入	0
减：营业外支出	0
	0
三、利润总额	90 259 000
减：所得税费用	22 427 125
四、净利润	67 831 875
五、每股收益	
基本每股收益（元/股）	0.565 3*
稀释每股收益（元/股）	0.565 3

*基本每股收益=67 831 875÷120 000 000=0.565 3（元/股）。

借方	库存现金	贷方
期初余额	55 000	
期末余额	55 000	

借方	其他货币资金	贷方
期初余额	360 000	
期末余额	360 000	

借方		银行存款	贷方
期初余额	20 618 400		
（3）	114 000 000	8 282 575	（1）
（6）	464 000 000	9 280 000	（2）
（7）	3 900 000	20 000 000	（9）
（8）	4 800 000	50 000 000	（11）
（11）	50 000 000	180 000 000	（11）
（16）	20 000	22 800 000	（12）
		130 000 000	（13）
		1 200 000	（14）
		77 974 500	（18）
本期发生额	636 720 000	499 537 075	本期发生额
期末余额	157 801 325		

表 11-4　　现金流量表

会企 03 表

编制单位：珠江公司　　2019 年度　　单位：元

项目	分析填列	本期金额
一、经营活动产生的现金流量		
销售商品、提供劳务收到的现金	（6）464 000 000 （7）3 900 000 （11）50 000 000 （16）20 000	517 920 000
收到的税费返还		0
收到其他与经营活动有关的现金		
经营活动现金流入小计		517 920 000
购买商品、接受劳务支付的现金	（2）9 280 000 （9）15 000 000 （11）50 000 000	74 280 000
支付给职工以及为职工支付的现金	（13）120 000 000	120 000 000
支付的各项税费	（18）77 974 000	77 974 000
支付其他与经营活动有关的现金	（9）5 000 000	5 000 000
经营活动现金流出小计		277 254 500
经营活动产生的现金流量净额		240 665 500
二、投资活动产生的现金流量		
收回投资收到的现金	（8）4 500 000	4 500 000
取得投资收益收到的现金	（8）300 000	300 000
处置固定资产、无形资产和其他长期资产收到的现金净额		
处置子公司及其他营业单位收到的现金净额		
收到其他与投资活动有关的现金		
投资活动现金流入小计		4 800 000
购建固定资产、无形资产和其他长期资产支付的现金	（13）10 000 000	10 000 000
投资支付的现金		
取得子公司及其他营业单位支付的现金净额		
支付其他与投资活动有关的现金		
投资活动现金流出小计		10 000 000
投资活动产生的现金流量净额		（5 200 000）
三、筹资活动产生的现金流量		
吸收投资收到的现金	（3）114 000 000	114 000 000
取得借款收到的现金		
收到其他与筹资活动有关的现金		
筹资活动现金流入小计		114 000 000
偿还债务支付的现金	（11）180 000 000	180 000 000
分配股利、利润或偿付利息支付的现金	（1）8 282 575 （12）22 800 000 （14）1 200 000	32 282 575
支付其他与筹资活动有关的现金		
筹资活动现金流出小计		212 282 575
筹资活动产生的现金流量净额		（98 282 575）
四、汇率变动对现金及现金等价物的影响		0
五、现金及现金等价物净增加额		137 182 925
加：期初现金及现金等价物余额		21 033 400
六、期末现金及现金等价物余额		158 216 325

上述现金流量表编制说明如下。

1．销售商品、提供劳务收到的现金是指本期销售商品和劳务（业务 6 和业务 7）、收回应收款（业务 11）和收回以前确认的坏账（业务 16）收到的现金。

2．购买商品、接受劳务支付的现金是指购买周转材料（业务 2）、生产与生产管理部门使用水电等（业务 9）、归还应付款（业务 11）所支付的现金。

3．支付给职工以及为职工支付的现金是指偿付工资（业务 13）所支付的现金（不包括支付给工程人员的工资）。

4．支付的各项税费是指本期支付的所得税、增值税、教育费附加和城市维护建设税（业务 18）。

5．支付其他与经营活动有关的现金是指管理部门使用水电等（业务 9）支付的现金。

6．收回投资收到的现金是指交易性股票出售的账面价值取得的现金（业务 8）。

7．取得投资收益收到的现金是指交易性股票出售的差价（业务 8）。

8．购建固定资产、无形资产和其他长期资产支付的现金是指支付上期工程人员工资款（业务 13）。

9．吸收投资收到的现金是指发行股票收到的款项净额（业务 3）。

10．偿还债务支付的现金是指本期归还的长期借款（业务 11）。

11．分配股利、利润或偿付利息支付的现金是指支付上年的股利（业务 1）和借款利息（业务 12 和业务 14）。

二、编制现金流量表（间接法）

南方公司 2018 年现金流量表如表 11-5 所示。

【解答】

表 11-5　　　　现金流量表

会企 03 表

编制单位：南方公司　　　　2018 年度　　　　单位：元

项目	金额	
一、经营活动产生的现金流量（间接法）		
净利润	174 900	
加：折旧费用	+57 000	
无形资产摊销	+15 000	
存货减少	+60 000	
减：应收账款的增加*	−31 800	
待摊费用的增加	−2 100	
加：应付账款的增加	18 000	
减：预提费用的减少	−27 000	
经营活动现金净流量		+264 000
二、投资活动产生的现金流量		
出售无形资产	30 000	
购买固定资产	−219 000	
投资活动现金净流量		−189 000
三、筹资活动产生的现金流量		
发行债券	+195 000	
支付现金股利	−81 000	
筹资活动现金净流量		+114 000
现金净增加额		189 000

*此处按应收账款净额变动调整，因而不用调整坏账准备。

拓展知识　现金流量表编制（间接法）

资料如教材表 11-6 所示。现金流量表补充资料的编制如表 11-6 所示。

表 11-6　　现金流量表补充资料　　单位：元

补充资料	本期金额	上期金额
1. 将净利润调节为经营活动现金流量		
净利润	41 412 875	
加：资产减值准备	-50 500	
固定资产折旧	40 000 000	
无形资产摊销	0	
长期待摊费用摊销	0	
处置固定资产、无形资产和其他长期资产的损失（收益以“-”号填列）	500 000	
固定资产报废损失（收益以“-”号填列）		
公允价值变动损失（收益以“-”号填列）	500 000	
财务费用（收益以“-”号填列）	20 000 000	
投资损失（收益以“-”号填列）	-125 000	
递延所得税资产减少（增加以“-”号填列）	-125 000	
递延所得税负债增加（减少以“-”号填列）	5 012 625	
存货的减少（增加以“-”号填列）	12 600 000	
经营性应收项目的减少（增加以“-”号填列）	30 000 000	
经营性应付项目的增加（减少以“-”号填列）	4 300 000	
经营活动产生的现金流量净额	154 025 000	
2. 不涉及现金收支的重大投资和筹资活动		
债务转为资本		
一年内到期的可转换公司债券		
融资租入固定资产		
3. 现金及现金等价物净变动情况		
现金的期末余额	21 033 400	
减：现金的期初余额	180 508 400	
加：现金等价物的期末余额		
减：现金等价物的期初余额		
现金及现金等价物净增加额	（159 475 000）	

说明

（1）资产减值准备为借方发生额，减 50 500 元。

（2）累计折旧贷方额加 40 000 000 元，不包括工程部门计提的折旧。

（3）处置固定资产净损失，加 500 000 元。

（4）公允价值变动为损失，加 500 000 元。

（5）投资收益为正，减 125 000 元。

（6）财务费用不属于经营活动，加 20 000 000 元。

（7）递延所得税资产增加，减 125 000 元。

（8）递延所得税负债增加，加 5 012 625 元。

（9）存货变动为减少，加 12 600 000 元[359 700 000−（14 000 000−10 000 000）−368 300 000]。

（10）经营性应收项目为减少，加 30 000 000 元[（89 900 000+100 000）−120 000 000]，坏账减少的应收账款不增加现金流量。

（11）经营性应付项目增加 4 300 000 元[138 500 000+74 500 000−（53 200 000−40 000 000）−（180 000 000+15 000 000）]，经营性应付项目中不考虑应付职工薪酬中工程人员的应付工资，应付利息中计入工程成本的应付利息。

模拟试题与参考答案

模拟试题

会计学原理考点分布结构

章	内容	连线题	多选题	判断题	简答题	实务题	分数
1	会计的性质与目的	1		1			4
2	账户与复式记账	2	1	1			8
3	会计循环（一）		2	2			8
4	会计循环（二）		2	2			8
5	收入、货币资金与应收款项				1		6
6	生产成本、销售成本与存货					1	18
7	长期资产与投资	1			1		8
8	负债		2				4
9	流转税与所得税					1	22
10	所有者权益				1		6
11	财务报表	1	1	2			8
	合计（个）	5	8	8	3	2	100

一、连线题（每小题 2 分，共 10 分）

1．标明下列部门的主要职能

财务会计部	业绩评价
	会计核算
财务管理部	内部控制
	投资分析
管理会计部	信息披露
	资金筹集

2．标明下列各项目的属性

	生产成本
成本	财务费用
	主营业务成本
费用	制造费用
	营业外支出

3．标明下列各项负债的类别

	应付债券
流动负债	短期借款
	预计负债
非流动负债	应付股利
	预收款项

4．标明下列各项资产包含的内容

	土地使用权
固定资产	设备
	土地
无形资产	专利权
	商标

5．标明下列各项经济活动所对应的项目

经营活动	归还前欠货款
	偿还银行借款
筹资活动	购买债券支付的手续费
	支付所得税
投资活动	支付股利
	购买设备

二、多选题（每小题 2 分，共 16 分）

1．会计主体与法人主体存在（　　）几种关系。

（1）既是会计主体，又是法人主体　（2）是法人主体，不是会计主体

（3）是会计主体，不是法人主体　（4）几个法人主体，一个会计主体

2．下列属于自制原始凭证的有（　　）。

（1）销货发票　（2）购货发票　（3）材料入库单　（4）工资表

3．下列属于原始凭证填列必须具备的项目有（　　）。

（1）原始凭证的名称　（2）填制原始凭证的日期和编号

（3）接收原始凭证单位的签章　（4）经济业务的主要内容

4．下列属于实账户的有（　　）。

（1）本年利润　（2）未分配利润　（3）预付费用　（4）预收账款

5．我国现行会计准则要求对外提供的基本财务报表有（　　）。

（1）资产负债表　（2）利润表

（3）现金流量表　（4）利润分配表

6．速动资产是指可迅速变现的资产项目，包括（　　）。

（1）库存现金　（2）银行存款　（3）存货　（4）有价证券

7．企业发行债券用于固定资产建设时，下列表述正确的有（　　）。

（1）应付债券折价的摊销增加了在建工程成本

（2）应付债券溢价的摊销增加了在建工程成本

（3）应付债券折价的摊销减少了在建工程成本

（4）应付债券溢价的摊销减少了在建工程成本

8．下列报表为时期报表的有（　　）。

（1）资产负债表

（2）利润表

（3）现金流量表

（4）所有者权益变动表

三、判断题（每小题 2 分，共 16 分）

1．复式簿记产生于 15 世纪末的意大利的威尼斯等地区，这也是西方资本主义的萌芽地。（　　）

2．成本是对象化的费用，不能对象化的费用为期间费用。（　　）

3．收据是发票的一种，是登记经济业务会计分录的原始凭证。（　　）

4．总分类账是根据报表项目开设的，是编制会计报表的主要依据。（　　）

5．权责发生制是以权利或义务的发生与否为标准来确认收入和费用的，而本期现金的收支又是判断权利或义务发生与否的基本前提。（　　）

6．从长期观点看，权责发生制与收付实现制下所计算的会计净利润是相等的。（　　）

7．营业利润具有更高的信息含量，是因为其预测价值更高。（　　）

8．经营活动、投资活动、筹资活动所产生的现金流量，既可通过直接法，也可以通过间接法来编制。（　　）

四、简答题（每小题 6 分，共 18 分）

1．请说明为何坏账不在发生时直接进行冲销，而要使用备抵法。

2．债券投资分为交易性金融资产、可供出售金融资产和持有至到期投资的标准是什么？简述上述各类投资的核算要求。

3．简述独资企业、合伙企业、股份公司会计核算的主要区别。

五、实务题（第 1 小题 18 分，第 2 小题 22 分，共 40 分）

1．生产成本、存货与销售成本（本题 18 分）

2018 年 8 月 31 日，南方公司存货余额为 6 000 000 元，其中：原材料 700 000 元，产成品 2 000 000 元，在产品 2 500 000 元，周转材料 800 000 元。2018 年 9 月发生的与生产和销售相关的经济业务如下。

（1）购买原材料 4 000 000 元，周转材料 200 000 元，增值税税率均为 16%。

（2）本月生产领用原材料共计 3 500 000 元。

（3）登记应付生产人员、车间管理人员和行政管理人员工资分别为 600 000 元、300 000 元和 300 000 元。

（4）计提车间固定资产和行政人楼折旧 60 000 元和 30 000 元，支付本月车间水电费 200 000 元。

（5）生产领用周转材料 400 000 元，成本一次结转。制造费用一次转入生产成本。

（6）月底部分产品完工，所有成本在产成品与在产品之间按 7∶3 进行分配，完工产品共 20 000 件。

（7）9 月共销售本批产品共 15 000 件，每件售价 320 元，增值税税率为 16%。货款已收到。

要求

（1）编制相应的会计分录（每个分录 1 分，共 8 分）；

（2）计算单位产品成本，并结转销售成本（5 分）；

（3）开设“T”形账户，结出存货及存货明细账 9 月末的余额（5 分）。

2．流转税（本题 22 分）

南方公司为增值税一般纳税人，增值税税率为 16%，城市维护建设税和教育费附加征收率分别为 7%和 3%。2019 年 1 月与流转税相关的经济业务如下。

（1）购进原材料一批，价款 800 000 元，价税款未付。

（2）购置设备一台，价款 5 000 000 元，增值税税率为 16%，款未付。

（3）本月销售商品一批，发票价格 4 500 000 元，款未收回。

（4）购进工程用物资一批，价税款共计 1 160 000 元，增值税税率 16%，货款已付。

（5）购买农业产品一批 700 000 元，农产品增值税的抵扣率为 10%，货款已付。

（6）本月向某公司提供劳务取得收入 850 000 元，款已存入银行。增值税税率为 6%。

（7）工程建设领用专用物资 800 000 元和原材料 600 000 元。

（8）本月工程完工，剩余工程物资转为原材料。

（9）本月销售应税消费品一批，发票价格 2 500 000 元，消费税税率为 15%，款未收回。

要求

（1）编制上述经济业务的会计分录（每个分录 1 分，共 9 分）；

（2）登记“应交税费——应交增值税”“T”形账户（10 分）；

（3）计算城市维护建设税和教育费附加，并编制会计分录（3 分）。

参考答案

一、连线题（每小题 2 分，共 10 分）

1．标明下列部门的主要职能

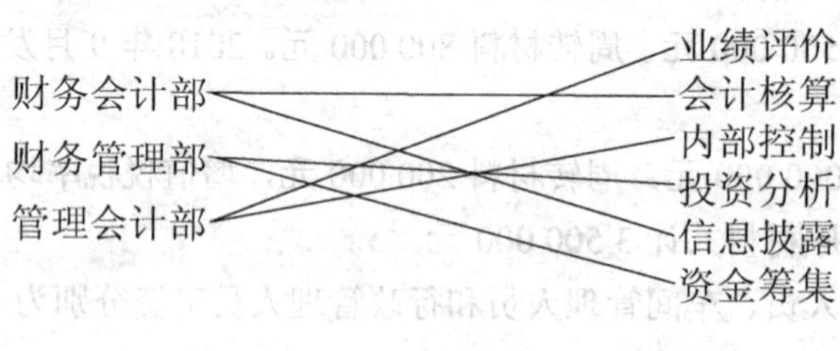

2．标明下列各项目的属性

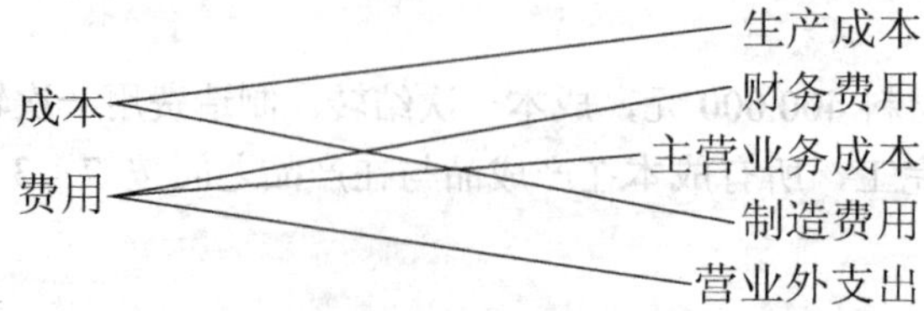

3．标明下列各项负债的类别

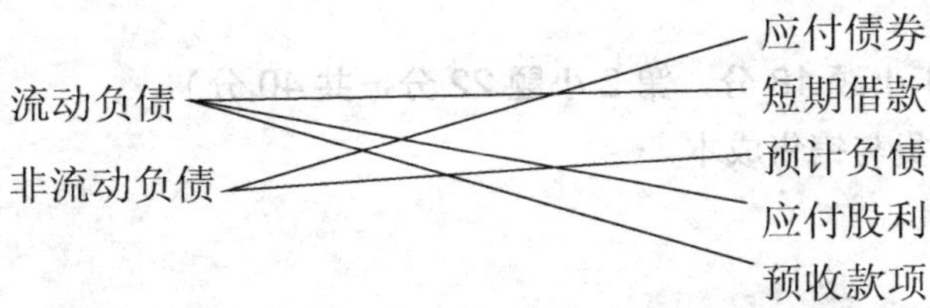

4．标明下列各项资产包含的内容

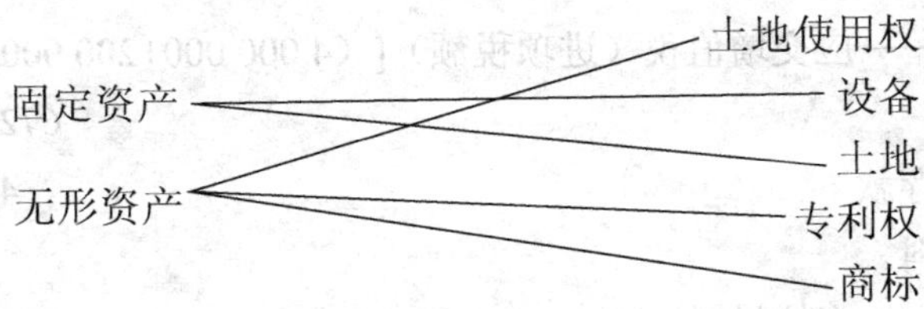

5．标明下列各项经济活动所对应的项目

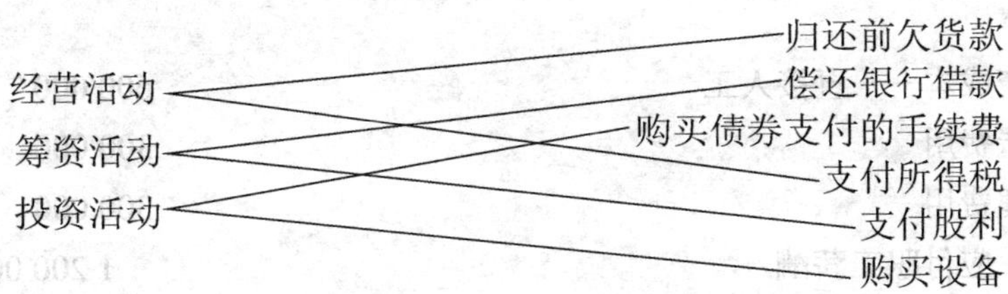

二、多选题（每小题 2 分，共 16 分）

1．（1）（3）（4）
2．（3）（4）
3．（1）（2）（4）
4．（2）（3）（4）
5．（1）（2）（3）
6．（1）（2）（4）
7．（1）（4）
8．（2）（3）（4）

三、判断题（每小题 2 分，共 16 分）

1．√
2．√
3．×
4．×
5．×
6．√
7．√
8．×

四、简答题（每小题 6 分，共 18 分）

（略）

五、实务题（第 1 小题 18 分，第 2 小题 22 分，共 40 分）

1．生产成本、存货与销售成本

（1）编制会计分录。

① 购买材料。

借：原材料　　4 000 000

　　周转材料　　200 000

　　应交税费——应交增值税（进项税额）[（4 000 000+200 000）×16%]

　　　　672 000

　　贷：银行存款　　4 872 000

② 生产领用原材料。

借：生产成本——直接材料　　3 500 000

　　贷：原材料　　3 500 000

③ 登记工资。

借：生产成本——直接人工　　600 000

　　制造费用　　300 000

　　管理费用　　300 000

　　贷：应付职工薪酬　　1 200 000

④ 计提折旧并支付车间水电费。

借：制造费用　　260 000

　　管理费用　　30 000

　　贷：累计折旧　　90 000

　　　　银行存款　　200 000

⑤ 生产领用周转材料并结转制造费用。

借：生产成本——间接材料　　400 000

　　贷：周转材料　　400 000

借：生产成本——制造费用转入　　560 000

　　贷：制造费用　　560 000

⑥ 分配产品成本。

借：产成品　　5 292 000

　　贷：生产成本　　5 292 000

⑦ 产品销售。

借：银行存款　　5 568 000

　　贷：主营业务收入　　4 800 000

　　　　应交税费——应交增值税（销项税额）　　768 000

（2）计算。

总成本=2 500 000+3 500 000+600 000+400 000+560 000=7 560 000（元）

完工产品总成本=7 560 000÷（7+3）×7=5 292 000（元）

单位产品成本=5 292 000÷20 000=264.6（元）

销售总产品成本=264.6×15 000=3 969 000（元）

⑧ 结转销售成本。

借：主营业务成本　　3 969 000

　贷：产成品　　3 969 000

（3）开设并登记“T”形账户。

借方	原材料		贷方
期初余额	700 000		
①	4 000 000	3 500 000	②
本期发生额合计	4 000 000	3 500 000	本期发生额合计
期末余额	1 200 000		

借方	产成品		贷方
期初余额	2 000 000		
⑥	5 292 000	3 969 000	⑧
本期发生额合计	5 292 000	3 969 000	本期发生额合计
期末余额	3 323 000		

借方	生产成本（在产品）		贷方
期初余额	2 500 000		
②	3 500 000		
③	600 000		
⑤	400 000		
⑤	560 000		
		5 292 000	⑥
本期发生额合计	5 060 000	5 292 000	本期发生额合计
期末余额	2 268 000		

借方	周转材料		贷方
期初余额	800 000		
①	200 000	400 000	⑤
本期发生额合计	200 000	400 000	本期发生额合计
期末余额	600 000		

2．流转税

（1）编制会计分录。

① 借：原材料　　800 000

　　应交税费——应交增值税（进项税额）　　128 000

　贷：应付账款　　928 000

② 借：固定资产——设备　　5 000 000

　　应交税费——应交增值税（进项税额）　　800 000

　贷：应付账款　　5 800 000

③ 借：应收账款　　5 220 000

　贷：主营业务收入　　4 500 000

　　应交税费——应交增值税（销项税额）　　720 000

④ 借：工程物资　　1 000 000

　　应交税费——应交增值税（进项税额）　　160 000

　贷：银行存款　　1 160 000

⑤ 借：原材料　　630 000
　　应交税费——应交增值税（进项税额）　　70 000
　　贷：银行存款　　700 000
⑥ 借：银行存款　　901 000
　　贷：其他业务收入　　850 000
　　　　应交税费——应交增值税（销项税额）　　51 000
⑦ 借：在建工程　　1 400 000
　　贷：工程物资　　800 000
　　　　原材料　　600 000
⑧ 借：固定资产　　1 400 000
　　贷：在建工程　　1 400 000
　借：原材料　　200 000
　　贷：工程物资　　200 000
⑨ 借：应收账款　　2 900 000
　　贷：主营业务收入　　2 500 000
　　　　应交税费——应交增值税（销项税额）　　400 000
　借：税金及附加　　375 000
　　贷：应交税费——应交消费税　　375 000
⑩ 借：应交税费——转出未交增值税　　13 000
　　贷：应交税费——未交增值税　　13 000

（2）登记“应交税费——应交增值税”“T”形账户。

借方	应交税费——	应交增值税	贷方
①	12 800	720 000	③
②	800 000	51 000	⑥
④	160 000	400 000	⑨
⑤	70 000		
本期发生额	1 158 000	1 171 000	本期发生额
转出未交增值税	13 000		

（3）计算城市维护建设税和教育费附加。

应交城市维护建设税额=（13 000+375 000）×7%=27 160（元）

应交教育费附加额=（13 000+375 000）×3%=11 640（元）

借：营业税金及附加　　38 800
　　贷：应交税费——应交城市维护建设税　　27 160
　　　　　　　　——应交教育费附加　　11 640